아프리카 체험,
편견과 오해의 이미지 깨기

김두영

EXPERIENCE AFRICA

박영사

들어가는 말

오해와 편견은 왜 해소되지 않을까?

황량한 초지를 어슬렁거리는 사자, 소 떼와 얼룩말(서구의 방송채널), 무너진 초가에서 빈 물통을 들고 슬픔에 잠긴 어린이(NGO 모금 광고). 황열병 예방접종을 할 때, 5-6가지 접종을 권하고, 말라리아 약 구매를 권유한다. 현지에서 보니, 말라리아는 지역별 세균특성이 달라 약을 맞추어 처방해야 한다. 해외에서 구입한 약은 무용지물이다. 단편적인 상황을 일반화하고 전문가들조차 침소봉대를 당연시하는 행태가 반복되기 때문일 것이다.

역시 백 번 듣거나, 백 번 보는 것보다 직접 체험해 보는 것이 정답이다. 현지에서 여러 상황을 경험하면서 많은 편견과 오해를 바로잡을 수 있었다.

아프리카에 사막과 사바나 기후 지역이 있지만, 열대우림 지역도 넓고, 호수와 강이 발달하여 농산물이 매우 풍부하다. 미개발의 역설이겠지만, 세계에서 유일하게 원시적인 야생을 체험할 수 있는 매력이 있다. 수려한 산과 해안, 심산유곡에 펼쳐진 다양한 식생, 이 속에서 생존을 위해 사투를 벌이는 동물을 보면서 자연의 섭리를 생각하게 된다. 아프리카 국가들이 독립하고 짧지 않은 시간이 지났지만, 경제, 문화적으로 큰 발전을 이루지 못한 것은 사실이다. 유럽이 식민지 시절 대단위 플랜테이션 농업과 광물자원 수탈을 위해 지역별로 분절된 최소규모의 철도와 도로망을 만들어 놓았는데, 아직 효율적인 인프라를 구축하지 못하고 있다. 그래서 인접국 간의 역내 교역과 분업체계가 형성되지 못하여 경제성장에 제약이 큰 상황이다.

그리고 아프리카 사람들도 전통적인 방식과 익숙한 일에 집착하는 특성이 강한 편이라 자체적인 혁신을 이루지 못하고 있고 다수 국가에서 독재권력자들이 출현하여 사익을 우선시하다 보니 경제민주화와 산업화를 이루지 못하고 있다.

그러나 이제 대부분 아프리카 국가들이 민주주의 정치체제를 확립하였다. 이어 인프라 투자, 제조업 육성, 고부가 경제체계 건설을 위해 노력하고 있고, 세계에서 가장 높은 인구증가율, 인력지수 상승과 도시화가 진행되고 있어 가속적인 성장이 예상된다.

거리를 두게 하는 편견을 해소하고, 아프리카의 아름다운 모습에 접근하는 것이 중요하다.

또한 경제성장 잠재력을 생각하면 이들과의 협력을 확대하는 것이 중요한 시점이다.

우리나라 사람들에게 이해의 폭을 넓히고 아프리카와의 거리를 좁히는 계기가 되었으면 하는 측면에서 제한적이지만 아프리카의 자연과 사람들, 문화 그리고 널리 알려진 관광지 등 다양한 모습들에 대한 현지 경험을 공유하고자 한다.

추천사

아프리카는 현생 인류의 발원지로 알려져 있으며 일찍부터 고대국가가 등장했던 지역이다. 이집트는 가장 화려한 고대문명을 꽃피운 나라로 정교한 과학 기술과 지식을 바탕으로 건설한 수많은 유적들이 아직까지 살아 숨 쉬고 있으며, 이후의 그리스와 로마 문화에도 지대한 영향을 끼쳤다. 에티오피아 역시 세계사에 큰 영향을 끼친 나라이다. 고대 아프리카와 중동의 지식과 문물 교류를 통해 악숨왕국이 형성되었으며, 중국, 로마 그리고 페르시아와 함께 한때 세계 4대 강국으로 평가되기도 했다.

아프리카에서 가장 넓은 부분인 사하라 이남 지역은 사막과 대양으로 둘러싸인 고립된 지역이다. 이로 인해 문물의 교류가 제한적이었고 발전이 뒤처지는 지역으로 남았다. 아시아와 유럽이 광활하게 펼쳐진 유라시아 초원지대와 실크로드를 통해 활발하게 문물을 교류하면서 발전해온 것과는 매우 대조적이라 하겠다. 재레드 다이아몬드는 그의 저서 "총, 균, 쇠"를 통해 아프리카와 아메리카 대륙은 고립된 지리적 상황으로 인해 기술교류에서 소외되고 산업발전을 이룩하지 못했다고 설명한 바 있다.

근대화가 시작되면서 유럽열강이 아프리카와 아메리카를 식민지로 지배하면서 원료공급지로 활용하게 되었다. 이로 인해 유럽의 경제발전에도 불구하고 아프리카는 가난한 저개발 지역으로 남게 된 것이다. 그러나 1960-1970년대를 거치면서 아프리카 국가들이 대부분 독립을 하게 되었다. 독립 후 많은 나라들이 정치적 불안정 상태를 경험하기도 했으나, 점차 민주적 선거를 기반으로 국가를 운영하는 체제가 정착되었고, 경제개발정책을 추진하면서 경제성장의 기초를 닦고 있어 우리나라와도 교역이 확대되는 추세에 있다.

아프리카의 다양한 모습과 변화과정이 우리에게는 아직 생소할 수밖에 없다. 아프리카가 지리적으로 원거리에 있고 문화적 교류 또한 매우 제한적이었기 때문이다. 그동안 우리의 관심사는 경제수준이 높고 시장규모가 큰 미국, 유럽과 중국 및 일본 등 아시아 국가들이었고 오랜 기간 아프리카에 대한 지식은 미국과 유럽 사람들의 시각에서 편집한 정보에 의존하였다. 이로 인해 자연환경이나 그들의 문화 및 사회 구조 등에 대한 편견과 오해도 많이 생겨났다.

지금은 세계경제 속에서 아프리카의 역할이 커지고 있고 주요 시장으로서도 부상하고 있다. 현재 아프리카 인구가 중국, 인도와 함께 14억 수준인데, 유엔의 예측에 따르면 2050년에는 25억으로 증가하여 세계 최대의 인구국가가 될 것이라 한다. 이제는 비즈니스 측면에서도 아프리카 시장에 대한 이해가 매우 중요한 시점이 되고 있다.

아프리카는 아시아 다음으로 큰 광활한 대륙이며 다양한 지형과 생활양식 등 문화가 남아 있다. 발전의 역설이라 생각되지만, 세계에서 유일하게 자연과 야생을 체험할 수 있는 지역이다. 아프리카의 아름다운 자연과 사람과 야생이 공존하는 모습 그리고 아프리카 특유의 문화를 체험하는 것은 매우 특별한 즐거움이 될 것이다. 그런 의미에서 이 책은 아프리카에 대한 이해를 넓혀 줄 수 있을 것으로 믿는다.

저자는 KOTRA에서 오랜 기간 근무하면서 세계 각국의 무역환경에 대해 섭렵했고 또 아프리카 케냐에는 직접 근무하면서 경험한 바 있다. 저자가 직접 경험한 아프리카의 자연과 생활양식 문화 그리고 역사 등에 대한 기초적인 정보를 제공하는 이 책이 아프리카를 간접경험하는 데 큰 도움이 될 것으로 생각하며, 향후 아프리카에 대한 다양한 시각의 정보들이 이어지기를 기대해 본다.

지평인문연구소 대표 김석동

목차

Ⅵ. 편의와 풍요를 제공하는 유통, 호텔과 레저

I

아프리카의 자연, WILD LIFE와 사람

I

아프리카의 자연, WILD LIFE와 사람

1 아프리카의 지형, 기후와 식생

1 대륙의 지붕, 10대 명산

꼭 가볼 만한 아프리카 명산 •••

source: Africa geographic

아프리카 전역이 사막이라 생각하는가?

아프리카 동부의 높은 산악지역에는 엄청난 우림과 호수가 즐비해 있으며, 농업이 발달한 대륙이다. 킬리만자로는 주변 평지 대비 세계에서 가장 높은 산이며, 정상이 눈에 덮여 있고 다양한 기후와 식생을 가진 웅장한 산이다.

또한 케냐의 케냐산, 애버데어 산맥을 탐방하면 매우 독특한 환경을 경험할 수 있다. 코끼리와 하이에나 등 많은 야생동물이 높은 산의 정상에 살고 있는 모습이 특이하다.

아프리카는 동부에 산지가 밀집해 있는데, 에티오피아, 우간다, 르완다, 케냐, 탄자니아 등이 산악지역이다. 명산들을 보면, Kilimanjaro(Tanzania), Mount Kenya, Mount Stanley(DRC/Uganda), Mount Speke Baker(Uganda), Mount Emin(DRC), Mount Gessi(Uganda), Mount Meru(Tanzania), Mount Semien(Ethiopia), Mount Karisimbi (DRC)… 등이 있다.

동부지역은 이런 높은 산들이 제공하는 숲과 물 덕분에 큰 도시가 주변에 발달해 있다.

킬리만자로(5,895m), 천의 얼굴

Aug 2023

가왕 조용필 덕분에 우리나라 사람들은 킬리만자로 산을 이미 알고 있고, 많은 사람이 오르고 싶어 하는 산이다. 킬리만자로는 아프리카 사람들에게 영적 의미가 있는 산인데 산의 이름은 반짝이는(shining) 산, 오르기 힘든 산이라는 의미를 가지고 있

다고 한다. 세계 각국의 명사들이 찾던 산인데, 모험을 좋아했던 헤밍웨이도 암보셀리 등 킬리만자로 주변의 명소에 머물며 사냥을 즐기고 "킬리만자로의 눈"을 집필하였다. 가왕 조용필의 노래, "킬리만지로의 표범" 중 킬리만자로에 오르려다가 동사한

표범 이야기는 헤밍웨이 소설 "킬리만자로의 눈"에 나오는 내용이다.

케냐 사람들도 킬리만자로 등정을 자랑스럽게 생각하는 높은 산이며 누구나 도전해 볼 수 있다. 나도 과감하게 도전을 했지만 해발 4,000m에서 고산증으로 정상까지 가지 못했다. 그러나 산을 오르면서 경험한 다양한 식생과 변화무쌍한 자연의 모습은 잊을 수 없다.

마랑구 게이트에서 킬리만자로 등반을 시작하였는데, 엄격한 신원 확인 등 긴장되는 분위기 속에 진행되었다. 게이트에서 7km 지점의 만다라 산장을 지날 때까지 짙은 숲을 통과하게 된다. 해발 3,000 고지를 지나면 조금씩 시야가 트이기 시작한다. 그러나 이내 운무에 싸인 길을 걷게 된다. 이윽고 해발 3,200m를 지나면 전후좌우의 시야에 거침이 없고 정상 부분이 보이기 시작한다. 밑을 보면 까마득하게 구름만 보일 뿐이다.

여기서 호롬보 산장까지는 손에 잡힐 듯 가까워 보이는데, 막상 걸음을 옮겨 보니 가도 가도 끝이 없다.

오후 느지막이 호롬보 산장(3,700m)에 이르면 추위가 엄습하고 두통 등 고산증이 달려든다. 눈에 덮인 정상인 우루후 피크(5,895m)가 손에 잡힐 듯 가까워 보이지만, 정작 정상 왕복에 2일이 더 필요하다.

킬리산, 동식물과 야생의 천국

Aug 2023

킬리만자로 등정의 매력은 다양한 동식물과 인사를 나누는 것이다.

최고봉이 5,895m의 높은 산이라, 다섯 가지 기후대를 가지고 있다. 반건조 관목지, 물이 많은 경작지, 짙은 숲, 탁트인 관목지, 이끼군 서식지.

우선 주변 넓은 지역에 호수와 숲으로 이루어진 관목지가 있어 야생동물의 낙원이다. 이들이 사는 지역을 지나 산으로 오르면 많은 생태계를 체험한다.

등산로 초입에 열대 우림이 펼쳐진다. 이를 지나면 등장하는 관목지역(해발 3,000-4,000m)에는 야생화와 다양한 식생이 있다.

그중 1) 키네시오 킬리만사로(Giant groundsel)가 가장 특징적이다. 잿빛 몸통에 녹색 머리로 5-6m까지 자라고, 공기가 희박한 고산지대에서 400년간 산다고 한다. 2) 야생화는 Everlasting flower가 인상적이다. 케냐산에서 본 흰색 외에도 금색과 노란색까지 있다. 3) 연보라색 Mountain gladiolus도 매력적이다. 4) 꽃잎이 갈라져 흩날리는 Moorland flowers, 5) 강한 향 때문에 카레 플랜트로 불리는 노란 꽃 Helichrysum newii, 그리고 6) 억세게 생긴 수풀, Tusssock(grass, singular) 등…(위의 사진 1, 2열 각각 좌에서 우로)

아프리카 진짜 명산, 케냐산

Mar 2023

케냐산(5,199m)은 여러 가지 면에서 우리나라 한라산을 연상시킨다. 많은 등산로와 둘레길이 있다. 지나는 구름을 잡아 비를 뿌리고, 주변을 케냐의 곡창 지대로 만들어 준다.

야생과 인간이 공존하는 지역이라 등산이 더욱 홍미롭다.

등산로 입구, 시리몬 게이트에서는 최고봉인 바티안 계곡의 만년설을 볼 수 있으며, 중턱까지의 열대 우림에 다양한 야생동물들이 우글거린다.

7부 능선에 올라서면 산정이 구름에 갇혀 운치가 넘치고, 중턱의 모제스 캠프부터는 관목과 야생화가 우거져 시원한 시야가 인상적이다.

무엇보다 케냐산의 명물은 산자락에 있는 도시와 농촌들이다. 케냐산 방문객들

이 난유키를 많이 찾는다. 페어몬트 호텔, 사파리 클럽 등 좋은 휴양시설이 있기 때문이다. 케냐산을 올려다보는 빼어난 경치, 말을 타고 동물을 돌아보는 사파리 등 많은 즐거움을 선사한다.

Everlasting flower

Mar 2023

화무십일홍이라는데…

일년 내내 계속 피어 있는 꽃이 있다!

이름은 Everlasting flower(사진 1열 좌측). 진시황이 찾던 불로초 같은 느낌이다. 케냐산 3,500-4,000m 고지에서 온갖 풍상을 맞으며 자란, 강인한 생명력 때문에 지

지 않는 것이 아닐까?

척박한 환경에 최적화된 선인장인 로벨리아(Giant Robelia, p.9 사진 2열 좌측)도 유명하다. 피둥피둥하니 보기 좋고 덩치가 큰 모습이 압권이다.

캐냐산 야생화들이 바위틈, 모래, 진흙더미 그리고 덤불 등 환경에 굴하지 않고 끈질긴 생명력을 보여주고 있어 인상적이다. 야생화를 통해 명산의 강한 기운을 체감하게 된다.

2 대륙의 젖줄, 8대 강

아프리카 8대 강과 거대 호수

아프리카에는 사하라 사막 때문에 메마른 이미지가 강하다. 그러나 14억 아프리카 사람들의 생명수가 되는 큰 강과 호수도 즐비해 있다.

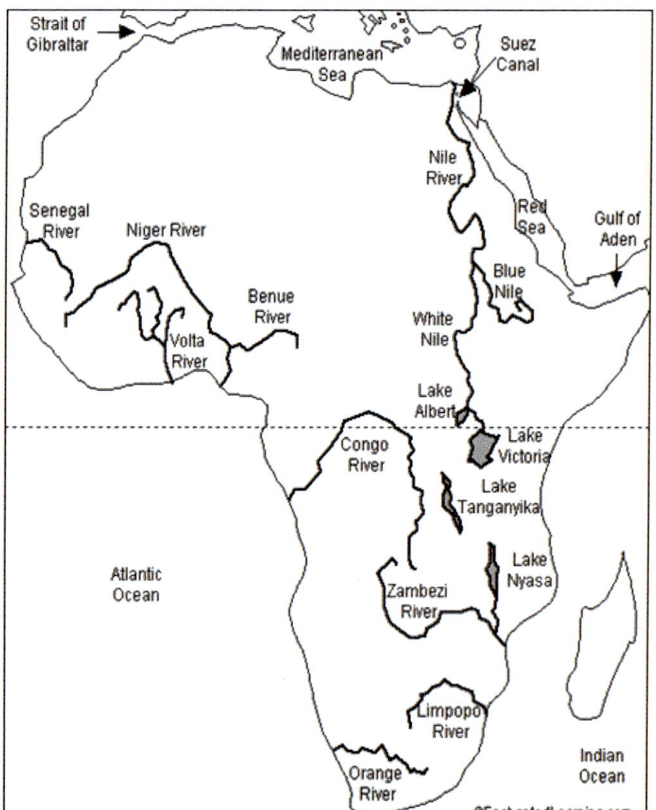

이들 큰 강은 아프리카 54개국의 국경을 넘나드는데, 대륙의 64%에 걸쳐 있다.

대표적인 강은, River Nile, River Congo, River Niger, Zambezi River, Orange River이다.

빅토리아 호수에서 발원, 이집트로 흐르는 나일강은 인류 문명의 발원지이며, 사하라 사막 이남의 사헬 지대에 흐르는 니제르강은 과거 금 생산 중심지로 가나와 말리왕국의 탄생지이다. 콩고강은 아프리카 정글에 흐르는 종의 보고로 불린다. 그리고 잠베지강 유역도 고대부터 농산물이 풍부하고 금 교역의 중심지였다. 나일강, 잠베지강 등 아프리카의 주요 강에도 댐을 건설, 발전과 농업 용수를 공급하는 등 현대화의 과정을 거치고 있다.

나일강, 인류 문명 발원지

Feb 2023

이집트의 1억 인구는 나일강에 생존을 의지하고 있다. 이런 모습은 고대 이집트나 지금이나 변함이 없다. 메마른 사막을 가로질러 지중해로 흘러드는 강에 식수와 농사를 모두 의지하고 있는 것이다.

면적의 3%밖에 안 되는 나일강의 좁고 긴 띠 지역과 하류의 삼각주가 농업 생산지이며, 이집트 인구의 95%가 거주하고 있다.

고대 이집트는 정기적으로 범람하는 나일강 덕분에 농업, 운송과 물자 교류 시스템이 발전하였고 고대문명을 꽃피웠다.

고대 이집트는 국제무역의 중심지로서 과학기술 등 인류 문명의 기초를 정립한 국가인데, 그 중심에는 나일강을 이용하는 교통수단이 있다. 지금도 사용하는 돛단배 펠루카 등 선박을 이용하여 나일강, 지중해와 홍해 등을 누비며 아프리카, 아라비아, 레반트, 인도 등 아시아 지역과 무역을 하였다. 심지어 고대부터 교역을 위해 나일강과 홍해를 연결하는 운하를 만들어 활용하였다. 물론 강이 범람할 때 막혀서 다시 건설하는 등의 어려움이 커서 중간에 포기하였지만…

풍부한 농산물과 파피루스 종이를 중동지역 등에 공급하고 유향, 수액, 목재, 구리 등을 사들였다. 이집트는 인적, 물적 교류 중심지로 빵과 맥주 등 음식문화, 파피루스 종이와 지식산업, 피라미드 건설 등 토목기술, 의학, 예술이 발전하여 인류 문명을 탄생시켰다.

강은 변함이 없지만, 댐과 운하의 건설로 여러 가지 변화가 생기고 있다. 나일에 30개 대형, 300개 소형 댐이 있는데, 아스완댐(1970년 준공, p.13 사진 1열)으로 생긴 인공 호수인 나세르호는 수단 국경까지 이르는 거대 규모이다. 대형 댐을 이용해, 메마른

사막에 운하를 파고 물을 공급하여 농토가 확장(사진 2열, 좌측)되고 있다. 생산력이 급증하고, 이집트 인구가 400만(1800년)에서 1억으로 증가하였다.

나일은 강이라는 뜻의 고대 셈어 나할에서 생긴 이름이며, 세계에서 가장 긴(6,695km) 강이다. 나일강은, 빅토리아 호수 북쪽 끝에서 시작하는 백나일, 에티오피아 고원의 타나호에서 발원하는 청나일이 각각 북으로 흐르다가 하르툼(수단)에서 합류한다. 하르툼에서 이집트 남부까지 6개의 대형 폭포를 지나고, 이후에는 사막의 급경사면을 따라 좁고 길게 흘러 카이로에 이르러 넓은 삼각주에 도달한다.

최근 에티오피아가 나일강 상류에 아프리카 최대 규모인 르네상스 댐을 건설하였다. 1억 인구의 생명줄인 수원의 고갈을 우려하는 이집트가 강력히 반발하며 갈등을 빚고 있다.

어쩌면 나일강과 함께 아프리카에 가장 많은 인구를 부양하는 강이 잠베지강이라고 할 수 있다.

잠베지강은 아프리카 4대강이며, 유역의 농업인구 3,200만을 포함 4천 만 인구를 부양하고 있다.

빅토리아 폭포는 도도히 흐르는 잠베지강이 모잠비크와 잠비아의 국경지역에서 낙차가 큰 지형을 따라 물이 쏟아지면서 생기는 폭포이다. 빅토리아 폭포는 웅장한 물줄기와 하늘 높이 치솟는 분무로 유명한데, 이과수(남미), 나이아가라(북미)와 함께 세계 3대 폭포로 널리 알려져 있다. 잠베지강의 지류인 쵸베강이 빅토리아 폭포 인근에 있는데, 보츠와나와 나미비아의 국경을 이루는 강이다. 이 강도 경치가 수려하고 야생동물들의 집단 서식지여서 많은 수상사파리 관광객이 찾는 명소이다. 그리고 유럽이 아프리카를 식민지화하는 과정에서 만들어진 각종 유적 등 다양한 볼거리들이 있어 관광객의 발길이 끊이지 않는다.

영국은 1888년, 광물자원 확보를 위해 잠비아에 식민지를 건설하였고, 짐바브웨 석탄과 잠비아 구리 공급망을 연계시켰다. 폭포 인근의 잠베지강 계곡 양안을 잇는 철교를 건설하여(1905년) 잠비아와 짐바브웨를 동일 경제권으로 만든 것이다. 현재도 이 철도를 이용하여 남아공(Pretoria)-빅토리아 폭포-탄자니아(다르에스살람) 관광열차

가 운행하고 있다. 철교 건설 당시 인부들의 숙소로 건설한(1904년) 시설이 고급 호텔로 변신하여 The Victoria Falls Hotel이 탄생한다. 아프리카의 가장 오래된 호텔이며 폭포의 분무, 철교 등을 볼 수 있는데 일출이 장관이다. 빅토리아 폭포, 쵸베강 그리고 오랜 역사의 유적을 동시에 볼 수 있어 더욱 매력적인 관광코스라고 할 수 있다.

짐바브웨는 영국 식민지 시절 잠베지 강물과 지하수 등을 이용하여 플랜테이션 농업을 발전시켰다. 덕분에 많은 농산물을 수출하는 아프리카에서 가장 잘 사는 나라에 속했다. 그러나 독립 후 무가베 정권이 농장주와 기술인력을 추방하면서 농업이 붕괴하였다. 심지어 포퓰리즘 정책으로 돈을 뿌리기 위해 통화발행을 남발하면서 불과 5년만에 세계 최빈국으로 전락한 사례도 있다. 모잠비크에 가면 무가베 정권 당시 발행한 1억 달러(당시 화폐 단위)짜리 지폐를 관광 상품으로 팔고 있다.

사실 잠베지강 유역은 농업 이외에도 천연자원이 풍부한 천혜의 옥토이다. 1천년 전부터 금 생산과 유통의 중심지였고 지금도 석탄, 가스와 구리 및 석회암 등 중요자원 생산지이다. 잠베지강이 인도양과 만나는 하구 유역의 소팔라는 915년부터 발전한 아프리카에서 가장 오래된 항구 중의 하나이다. 아랍 상인들이 금을 수입하기 위해 계속 방문하였으며, 11-15세기 당시에는 무타파 제국이 통치하는 번성한 지역이었다.

바스코 다가마가 1498년 이곳에 와서 동아프리카의 무역 거점으로 삼았다. 페르난데스는 1511년 잠베지강을 따라 내륙을 탐험하였고, 상류지역의 금을 교역할 수 있는 무역 거점을 세웠다. 이후 영국이 아프리카에 진출하면서 포르투갈과 몇 차례 분쟁을 겪었지만, 양국이 타협점을 찾았다. 포르투갈은 금과 노예무역 중심지인 해안을 지켰고 영국은 짐바브웨, 잠비아 등 내륙 방향으로 진출한다. 이때 리빙스턴이 잠베지강을 따라 중앙아프리카 지역을 탐험하였는데 빅토리아 폭포를 발견(현지인은 오래전부터 Mosi-oa-Tunya라고 불러왔다), 세상에 알리게 된다.

잠베지강 하류에 Kariba댐(1959년), Cahora Bassa댐 등이 있다. 댐으로 형성된 인공호수로 인해 폭포 상류와 하류에서 느끼는 강의 분위기가 많이 다르다. 댐은 수력발전, 운하를 이용한 농업용수 등으로 쓰이는 거대한 댐인데 생태계 교란 등의 환경파괴 논란도 많이 있다.

잠베지강은 길이 2,574km, 잠비아, 앙골라, 짐바브웨, 모잠비크 등 6개국을 관통하며 흐른다. 그런데, 급류가 많고 낙폭지역이 있어 교통수단으로 이용할 수 없다. 아프리카는 대양과 사하라 사막으로 외부 대륙과 분리되어 있는데, 대륙 내부 큰 강도 나일강, 잠베지강처럼 교통수단으로 이용할 수가 없어 분절된 지역으로 남았다.

3 수자원 공급원, 거대 호수

아프리카 동부에는 거대 호수들이 즐비해 있다. 빅토리아 호수를 비롯하여 탕가누카(Tanganyika), 말라위(Malawi)와 투르카나(Turkana), Albert, Kivu 등… 10평방마일 이상의 호수가 150개이며, 전체 호수는 677개이다. 지구 표면에 있는 얼지 않은 물 표면적의 25%에 해당하며, 동아프리카 지구대(에티오피아-모잠비크)를 중심으로 발달해 있다. 특히 빅토리아 호수는 세계 두 번째로 넓은 아프리카의 상징적 담수호이다.

삼백만 살 빅토리아호

Dec 2023

빅토리아 호수는 바다 같은 느낌이었다. 배를 타고 달릴 때 바다처럼 파도가 일고, 크고 작은 섬이 있으며, 호숫가에 열대 과일이 주렁주렁 열려 있고, 물고기를 쫓는 새들이 분주하다.

한반도의 1/3, 남한의 70%에 달하는 거대 호수이며 평균 수심 40m, 최고 83m이다. 카게라강이 호수의 서쪽에서, 마라강(마사이 마라를 흐르는 강)이 동쪽에서 흘러들어 만든 호수이다.

반투어로는 NYANZA(큰 물이라는 의미)인데, 영국 탐험가가 빅토리아 여왕을 기리기 위해 지은 영어 이름이 널리 쓰이고 있다.

빅토리아 호수 연안은 수자원이 풍부하고 연중 온난하여(적도이지만 해발 1,300m...)

최적의 생활환경이며 현생인류가 여기서 출현하였다. 이들이 세계로 퍼져 나간 것으로 알려져 있다. 290만 년 전 인류 최초 석기 유적인 Nyayanga(Homa peninsula), 250만 년 전 올도완 석기(찍개) 등의 유적이 최초 인류의 흔적이다. 여기서 발원한 나일강이 6,600km 하류의 이집트 문명을 탄생시켰다. 인류 발상지 호마베이의 산천은 변함이 없는데 사람 사는 모습은 모든 게 달라졌다. 일상에 바쁜 사람이 분주하게 움직이는 어수선한 도시가 되었다.

겉모습은 멀쩡한데, 내부 생태계가 박살 나고 있어 안타까움이...

빅토리아 호수는 수백만 년 동안 모습을 유지해 왔으며, 담수어업은 여전히 지역 주민들의 중요 생계 수단이다. 그러나 다윈의 정원으로 불리며 400종의 다양한 어종이 노닐던 호수가 급속히 파괴되고 있다. 폭식 어종인 나일 퍼치가 유입되어 작은 어종이 심각한 타격을 받았다(Nile Perch, 2m, 200kg, 호수의 대표 어종인 Tilapia, 60cm). 그리고 수초의 이상번식, 주변 도시 발달에 따른 오염수 유입과 고대고리식 싹쓸이 어업이 이어지면서 황폐화가 진행되고 있다. 빅토리아산으로 팔리는 틸라피아는 대부분이 양식한 것이라고 한다.

빅토리아호가 주는 풍요의 도시

Dec 2023

바다 같은 호수와 풍부한 수자원이 있으니 농업과 도시가 발달하는 것은 당연하다. 호수를 중심으로 주변에 많은 도시들이 발달해 있다. 빅토리아호 북쪽 연안에 우간다 최대 도시(캄팔라, 240만), 남쪽에 탄자니아 2대 도시(므완자, 320만), 동쪽에 케냐 3대 도시(키수무, 60만)가 있다.

키수무는 빅토리아 호수변에 위치한 물류 유통 중심 도시다. 도시명은 물물교환의 장이라는 의미, 수모(sumo)에서 유래했다. 또한 빅토리아 호수의 상징적 도시여서 Lakeside City라는 별명을 가지고 있다.

1901년 몸바사로 이어지는 철도가 완공되면서 물류 중심지로 부각되고, 철도화물을 페리로 환적하면 탄자니아의 므완자, 우간다 캄팔라 등 주요 도시와 연결할 수 있어 교통 중심지로 성장하여 케냐의 3대 도시가 되었다.

태초부터 산물이 풍부한 빅토리아 호수 지역은 산맥과 넓은 들, 광활한 목초지가 있는 아프리카 농업 중심지이다. 특히 토지가 비옥하고 물이 풍부하여 농업 최적지로 꼽히며 농지 가동율이 아직 50% 수준이라 개발의 여지가 크다고 한다. 사탕수수, 옥수수, 쌀, 콩, 고구마와 야채류가 대량 생산된다. 가금류와 목축 환경도 좋아 풍요의 도시이다.

풍요 덕분에 교육 수준이 높고 유력 정치인을 배출한 정치 중심지이며, 박사 등 고학력자가 인구 대비 많은 지역으로 유명하다. 빅토리아 호수 주변에 살고 있는 루오족은 음악 등 예술분야와 지식산업, 법조, 정치계에 명사들이 많이 활약하고 있다. 우리가 잘 알고 있는 미국 제44대 대통령, 버락 오바마도 루오족이다. 루오족은 케냐뿐만 아니라 탄자니아 우간다 등 호수 주변에 광범위하게 분포해 있다.

4 정글과 열대 우림

열대 우림, 동아프리카의 지구대와 사바나

적도를 중심으로 하는 콩고 분지는 세계에서 가장 중요한 야생지역이다. 규모가 5억에이커로 알래스카보다 크고, 아마존에 이어 세계에서 두 번째로 큰 열대 우림 지

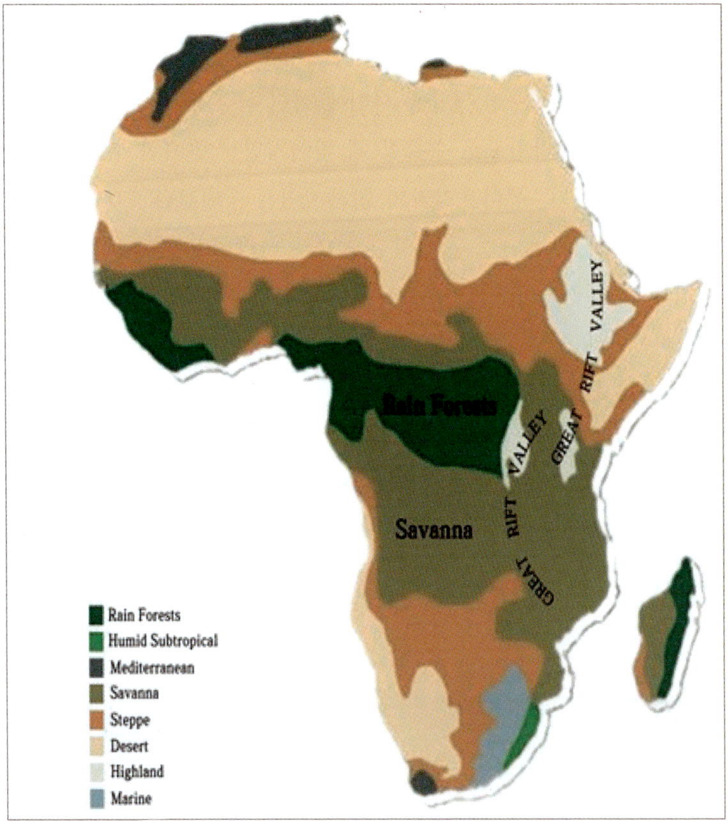

역이어서 다양한 식생들이 살고 있다. 아프리카의 열대 우림은 대륙 면적의 35%에 해당한다. 타잔과 정글북 등의 이야기를 통해 우리에게도 잘 알려진 정글지역이며, 고릴라, 침팬지와 피그미족이 유명하다.

5 동아프리카 지구대와 사바나

이미 언급했지만, 아프리카 동부에 높은 산과 거대 호수들이 즐비해 있는데, 이것은 지각 활동 때문에 생긴 현상이다. 평평한 땅이 동서로 수축되면서 중간 부분이 내려앉았는데 이를 지구대(Rift Valley)라고 한다. 동아프리카 지구대가 유명한데, 지도에 나타나는 것처럼 홍해에서 인도양에 이른다. 지구대는 아프리카 대륙의 기후, 지형과 식생에 지대한 영향을 끼쳤다. 지구대의 서쪽은 낮은 정글지역, 동쪽에는 화산이 폭발하여 큰 산이 생기고 움푹 꺼진 부분에 거대 호수가 형성되었다. 높은 산을 중심으로 사바나 기후대가 형성되었는데, 사바나 지역에서 현생인류가 출현하였다.

리프트 밸리가 지형과 기후를 바꾸고

Apr 2024

리프트 밸리는 평행한 수평 정단층 사이에 끼인 침강지대인데, 대륙의 지각이 판 운동에 의해 서로 반대 방향으로 수축할 때 찢어지면서 벌어진 부분의 땅이 평평한 상태로 주저앉은 것이다. 동아프리카의 침하지역은 주변보다 1,000m 이상 낮아졌다. 지구대의 벽은 단층, 계단형 등 다양한 형태로 나타나고 있다.

동아프리카 지구대는 아프리카의 아파르 삼각지에서 시작되며 남서쪽으로 연결되어 에티오피아 고원을 가르고, 모잠비크 인근까지 이어진다. 아프리카 대륙의 동쪽 면을 따라 남북으로 발달한 폭 35-60km, 연장 4,000km의 지구대이다. 신생대 제3기 초(3,000-3,500만 년 전) 북쪽에서부터 시작하였는데, 지각 내부의 장력으로 계속적으로 지각판이 갈라져왔고 지금도 진행 중이다. 케냐 나이바샤 인근의 지구대를 보면 웅장한 모습을 실감할 수 있다.

먼 훗날 갈라진 지구대에 물이 들어오면 바다가 될 것이다.

지구대 형성 당시 침하되는 부분의 지각이 얇아지면서 곳곳에 화산 활동이 일어

나, 킬리만자로와 케냐산 등 높은 산이 생겨났으며, 투르카나, 나쿠루, 나이바샤 및 탕가니카 등의 거대한 호수가 생겨났다. 지각운동 결과 기후도 달라졌는데, 지구대의 동쪽은 건조한 사바나 기후, 서쪽은 열대 우림이 되었다. 리프트 밸리와 인접해 있는 빅토리아 호수와 마사이 마라(세렝게티) 국립 공원은 야생 생태계 공원으로 유명하다. 빅토리아 호수와 리프트 밸리 지역은 현생인류의 발원지로 알려져 있는데, 동아프리카 지구대에 인류의 진화과정을 보여주는 화석이 풍부하다.

지부티에서 모잠비크까지 지구대를 따라 광범위한 지역에 얇은 지층으로 인해 생기는 지열과 온천수가 풍부하다. 이들 지역에는 세계은행(World Bank) 주도로 지열발전 프로젝트가 활발한데, 케냐의 경우 올카리라 발전소에서 70MW 전력을 생산하고 있다.

사바나에서 현생인류가 탄생

사바나란 스페인어로 '나무 없는 평야'를 의미한다. 건기와 우기가 뚜렷한 기후대 지역으로, 사진에서 볼 수 있듯이 큰 나무 몇 그루가 남아 있는 넓은 초원 지대가 잘 알려진 사바나의 이미지이다. 아프리카 대륙 중부지역이 사바나 기후대인데 마사이

마라, 세렝게티, 암보셀리 등 동물의 왕국으로 유명한 국립공원들이 위치해 있다. 현생인류 탄생시기 주변 아프리카는 사바나 기후였으며, 심리학에서는 사바나의 자연환경이 인간의 생물학적 본능에 큰 영향을 끼쳤다고 한다.

사바나는 사막과 열대 우림 사이에 위치한 열대초원이다. 따라서 사바나 기후 자체도 강수량이 더 줄면 건조기후로 넘어가고 심하면 사막이 된다. 최근 기후 변화와 함께 인간에 의한 삼림 파괴까지 겹쳐 사막화 현상이 가속화되어 많은 사람들이 우려하고 있다.

아프리카에 가장 광범위한 사바나 지역이 있지만, 브라질의 캄포 세하두 등 남미, 인도의 데칸고원 등 아시아 지역에도 매우 큰 사바나 지역이 있다.

6 사막과 ASAL

아프리카의 주요 사막

케냐에서 유럽으로 가는 비행기를 타고 갈 때 사하라 사막의 크기를 실감한 적이 있다. 비행기가 몇 시간을 날아도 아래는 계속 사막(사하라)이었다.

사하라 사막은 면적이 940만km^{2}로 남극 다음으로 가장 넓은 사막이다. 사막의 북부 경계는 아틀라스 산맥의 남사면과 지중해에 걸치는 사바나 지대이며, 남쪽 경계는 연 강수량 150mm 내외의 사헬 지대이다.

사하라 사막이 워낙 커서 아프리카 전체가 메말라 보인다.

세계 10대 사막을 크기순으로 보면 사하라, 아라비아, 고비(중국), 칼라하리(남아공, 보츠와나, 나미비아), 파타고니아(남미), 그레이트 빅토리아(호주), 시리안, 그레이트 베이슨, 그레이트샌디이다.

아프리카의 사막 중 Kalahari, Karoo, Namib, Danakil, Eritrean Coastal Desert 등은 관광지로도 잘 알려져 있다.

사하라와 아프리카의 사막

Apr 2024

아프리카를 남북으로 갈라 놓은 사하라…

그러나 사하라 남쪽 끝자락인 사헬 지대는 고대 황금 생산지로 유명하였고, 멀고 먼 옛날 녹색 사하라(Green Sahara) 시기도 있었다. 지금의 사하라 사막에 해당하는 북아프리카 지역에 사람들이 살만했던 습윤기 시절을 말한다. 홀로세 습윤기(Holocene Wet Phase)인 기원전 7500년경에서 기원전 3500년경까지이다. 녹색 사하라에서는 기원전 7천 년부터 2천 년 동안 신석기 문화가 꽃을 피웠다. 그러다가 기후 변화로 쇠퇴하기 시작, 기원전 3900년경에는 사막화의 가속화로 신석기 시대가 끝났다. 이후 사하라 지역은 완전 건조지대인 사막이 되었다.

사하라 사막은 지형이 험악하고 극단적으로 건조해서 물이 없으면 사람이 3일 이상 생존할 수 없다. 그러나 고대부터 사하라 남단의 사헬지역에 있던 말리제국과 가나 등은 금 생산지로 유명하였으며, 중세 베르베르 상인(낙타 카라반)은 소금과 금을 교역하기 위해 40-60일에 걸쳐 1,000km 여정의 사하라 종단 무역을 하였다. "황금 코뿔소의 비밀"이라는 책의 27장 '사하라의 난파선'에서는 정말 신기루 같은 현상을 접할 수 있다. 현대에는 사하라 사막에도 댐과 운하 등 수로 건설을 통해 농사를 짓는 지역이 늘어나고 있다.

2 아프리카 WILD LIFE

1 동물 다양성과 에코시스템

아프리카에는 세계에서 가장 잘 보존된 동식물의 생태계가 남아 있다. 오늘날 전 세계에서 파괴되지 않는 야생 생태계를 경험할 수 있는 유일한 지역이다. 동물 분포를 보면 1,100종의 포유류와 2,600종의 조류가 있다. 많은 국가의 국립공원에 다양한 야생동물이 살고 있는데, 단연 관심동물은 BIG5와 검은색 코뿔소, 고릴라 등 멸종위기 동물들이다.

사바나의 대표선수 BIG5

Mar 2023

세계에서 가장 많은 사파리 관광객 방문지는 마사이 마라/세렝게티이다. 가장 다양하고 많은 동물이 서식하고 있기 때문이다.

특히 BIG5는 사파리 관광의 상징인데, 사냥이 유행하던 시기 가장 잡기 힘든 동물로 알려지면서 얻은 이름이다.

1) 코끼리, 엄청 똑똑한 동물이다. 마른 하천에서 뒷발로 모래를 퍼내고 물을 찾아 마시는 수준이다.
2) 사자는 가장 게으른 동물. 사냥하고 먹을 때가 아니면 잠만 잔다.
3) 멸종 위기종 코뿔소. 뿔을 어디에 쓰는지 알 수 없으나, 뿔 때문에 밀렵꾼의 타깃이 되어 멸종 위기에…
4) 불쌍한 Buffalo. 생존력이 강하지만 사자 등 포식자가 좋아하여 앙상하게 남은 뼈를 가장 많이 볼 수 있다.
5) 표범은 날렵하고 자그만 체구에 보호색 효과가 있는 수풀 속을 다녀서 가장 보기 어렵다.

UGLY5, 못생겨도 생태계의 역할이 있다

July 2023

예쁘고 귀여운 동물도 있지만, 징그럽고 흉측한 동물도 많다.

특히 못생기고 하는 짓이 흉측한 Ugly5가 유명하다.

1) 하이에나(HYENA). 늑대도 개도 아닌 것이, 헝클어진 온몸의 털에 거무튀튀한 사선 줄무늬까지... 그러나 질서 정연한 집단 생활을 하고 어떤 고기이든 마다 않는 사냥꾼이며 사체까지 먹어 치운다.
2) 누(WILDEBEEST). 소를 닮았지만, 가늘고 긴 털로 뒤덮이고 귀 사이의 뿔이 뒤로 휘감겨 볼품이 없다. 달릴 때도 무릎을 구부리지 않고 껑충껑충 뛰는 모습이 매우 우스꽝스럽다. 그러나 수천 마리 떼를 지어 다니며 초토화시키는 위력으로 라이온 킹에서 사자 왕 무파사를 죽이는 역할을 맡기도 했다.
3) 혹멧돼지(WARTHOG). 눈 밑에 튀어나온 가느다란 주머니, 위로 치솟은 반원 어금니... 우스꽝스럽게 생겼지만, 쉬지 않고 부지런히 뛰어다니는 모습이 귀엽기도 하다. 라이온 킹에서 심바의 측근인 품바로 활약하였다.
4) 대머리황새(MAROBOU STORK). 날개 길이 2.6m의 거구이면서 대머리의 반점, 불그스름한 긴 목과 원추형의 긴 부리... 징그러운 생김새뿐만 아니라, 사체도 거침없이 먹어대는 식성으로 비호감 1위이다.
5) 벌처(VULTURE). 어떤 고기이든, 어디든 찾아가 생고기와 썩은 고기를 가리지 않고 게걸스레 먹어 치우는 비호감 극치의 불청객이다.

야생에도 전략적 동반자 관계가 있다

July 2024

왜, 애들이 항상 붙어 다닐까?

아프리카에서 사파리 여행을 할 때 항상 떠올리던 궁금증이다. 항상 얼룩말, 누(Wildebeest)가 같이 다닌다. 타조와 기린도 일정 거리를 유지하지만, 항상 같이 다닌다. 사파리 여행 중 타조를 만나면 이내 기린을 만나게 되는 것이다. 알고 보니 서로가 이득을 얻는 전략적 동반자(상리 공생, symbiosis) 관계다.

우선 얼룩말은 긴 풀을 먹고, 누는 짧은 풀을 먹어 싸울 일이 없다. 와중에 얼룩말은 시력이 좋고, 누는 청각이 예민하다. 서로의 장점을 이용해서 포식자의 접근을 경

계한다.

얼룩말, 안틸로프, 누는 기린을 따라다니기도 한다. 높은 시야를 가진 기린이 포식자의 접근에 반응하므로 낌새를 알 수 있기 때문이다. 얼룩말과 타조도 지근 거리에서 생활한다. 얼룩말은 시력이 좋고, 타조는 냄새에 아주 민감하다. 서로 협력해서 포식자의 접근을 빨리 알 수 있기 때문이다.

Oxpecker는 코끼리, 코뿔소와 붙어 다닌다. Oxpecker가 초식이(초식동물을 뜻함) 피부의 진드기 등 기생충을 먹이로 취할 수 있기 때문이다. 초식이는 Oxpecker 덕분에 기생충 제거 효과를 누리게 된다.

꽃과 나비, 벌 등 곤충도 잘 알려진 공생관계다. 나비와 벌은 꽃에서 꿀과 화분을 얻고, 꽃은 나비와 벌 덕분에 꽃가루받이를 하여 열매를 맺을 수 있다.

한쪽에서만 이득을 얻는 편리공생 관계도 있다. 쇠백로(cattle egret)는 코끼리, 버팔로와 하마를 따라다니면서 먹이를 얻는다. 이들이 풀을 뜯어먹을 때 튀어나오는 곤충을 먹을 수 있기 때문이다.

2 아프리카 야생의 일상

사파리 여행을 할 때 가이드들이 코끼리, 사자와 다양한 동물을 어김없이 찾아내는 것이 신기했다. 알고 보니, 야생동물의 생활 공간이 대부분 일정 지역에 한정되어 있어 사파리 가이드들이 그들의 움직임을 예상하고 찾아 가는 것이었다. 또한 야생 동물 일상의 모습이 일정하게 반복적으로 이루어지는데 생로병사의 사이클도 모든 면에서 사람과 비슷하다고 볼 수 있다.

코끼리의 일상과 일생

June 2024

코끼리의 소확행!

아프리카 대부분의 국립공원에서 볼 수 있는 비교적 흔한 동물이 코끼리이다. 상아를 노리는 밀렵꾼 때문에 한때 멸종위기를 겪기도 했지만, 각국의 적극적인 보호 정책이 효과를 보이고 있어 다행이다.

코끼리는 매우 영리하고 강력한 힘을 가지고 있다. 인간이 괴롭히지 않으면 천적이 없어서 항상 여유와 낭만을 즐기며 살아 간다.

아침에 국립공원에 들어 가면 코끼리 가족이 산을 떠나 풀과 물이 있는 호수, 강으로 이동하는 모습을 볼 수 있다(p.32 사진 1열).

이들이 하루의 일과를 시작하는 모습이다. 배불리 먹고, 물에서 수영하고, 진흙을 몸에 바르는 진흙탕 목욕까지(진드기 등 해충 퇴치를 위해) 잊지 않는다.

이동 속도는 시속 4-6km이다. 암컷이 가족의 우두머리로 무리를 이끌고 살아 간다. 수컷은 혼자 노는 따로국밥이다. 덩치 큰 수컷이 혼자 다니는 모습이 왠지 쓸쓸해 보이기도 하다.

코끼리의 일과는 아침을 먹고, 좋아하는 물에서 수영을 하고, 진흙 마사지까지 즐긴다. 그리고 해거름에는 다시 먹이를 찾아 이동하는 사이클이다. 코끼리는 풀, 나뭇잎과 가지, 대나무 잎이나 과일 등 가리지 않고 먹는데, 어른 코끼리는 하루 300kg의 먹이와 70-90L의 물을 먹는 정말 대식가이다. 코끼리의 코는 숨쉬고 물 마시고 먹이를 집어 입에 넣는 일을 모두 하고 있는데, 코로 동전을 잡을 정도로 아주 정교하다. 청각은 예민하여 3km나 떨어진 곳에서 나는 소리도 들을 수 있으며, 소통은 진동을 통해서 한다. 머리에 비해 눈은 작고 시각은 둔하며 색맹이다. 접근하는 위협 등 상황 파악은 주로 후각을 이용한다. 뇌가 커서 동물 중에서 지능이 가장 높은 편이다. 코끼리의 뇌는 인간의 2배 정도 되는데, 수백km 떨어진 물에 가는 길을 기억한다.

코끼리의 생로병사!

코끼리는 어미 뱃속에서 22개월을 자라고 태어난다. 태어날 때 많은 털이 있는데 점차 없어진다. 출생 시 키는 1m, 몸무게 90-113kg이지만 태어난 지 20분 내 일어서고 1시간 내 걷는다. 생후 수개월이면 수영을 터득한다. 생후 2년까지 모유를 먹는데 덩치 큰 놈이 모유를 먹는 모습은 가관이다. 체중과 키는 15세까지 자라는데(수컷은 20세까지) 수컷은 8-13세가 되면 무리 떠나 단독 생활을 한다.

상아는 젖상아가 나지만, 5cm가 채 안 되고 두 살이 되기 전에 빠진다. 젖상아가 빠지면 영구상아가 나서 일생 동안 계속 자란다. 상아의 2/3는 위턱에서, 1/3은 머리뼈에서 시작된다. 상아는 먹이를 파내거나 싸울 때 사용한다. 또 1,000kg 정도의 물체를 들어올리고 운반할 수 있다. 상아로 사자나 호랑이를 죽일 수 있다.

어금니는 위, 아래 한 쌍씩 나는데, 새로운 이가 뒤에서 기존의 낡은 이를 밀어내는 형태로 이갈이를 한다. 이갈이는 어릴 때 3회, 어른이 되어 3회를 한다. 생후 2-3년 첫 세트의 이빨이 빠지고, 4-6세 때 두 번째, 9-15세 때 세 번째 이갈이를 한다. 네 번째 이빨은 18-28세까지 유지하며 이가 빠져 먹이를 씹을 수 없게 되면 굶어 죽는다. 사실 생후 50년이면 이미 근육도 약해지기 시작하는데, 코끼리의 평균 수명은 60-70년이며, 코끼리가 죽은 후에도 상아는 두고두고 오랜 세월 다양한 형태로 이용된다.

코끼리 무덤?

많은 코끼리 사체들이 모여 있는 곳이 있다. 죽을 때 스스로 무덤을 찾아 간다는 설의 배경이다. 과연 그럴까? 전문가들의 의견은 코끼리 무덤설에 동의하지 않는다. 다만 코끼리가 나이가 들고 이빨이 약해지면 부드러운 먹이가 있는 곳을 찾게 되는데, 이런 곳이 제한적이어서 코끼리 은퇴 장소가 된다. 그리고 그곳에서 사망에 이르게 되어 생긴 현상이라고 한다.

현재까지 확인된 현존하는 코끼리의 종은 3종(아프리카 코끼리, 아시아 코끼리, 둥근 귀 코끼리)이다. 이미 오래전 멸종한 매머드와 같은 과로 분류되며, 열대 및 일부 온대 기후권인 사하라 이남 아프리카, 남아시아와 동남아시아 및 중국 등지에 서식한다.

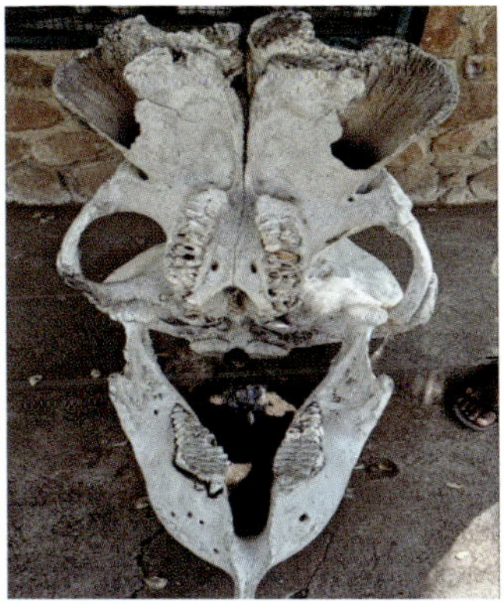

가장 아프리카적인 동물, 하마

Jul 2023

물속에 있든, 육지에 있든 멀리 있는 하마의 모습은 귀엽게 느껴진다. 뚱뚱하고 땅딸막하면서 뒤뚱거리는 느린 동작 때문일 것이다.

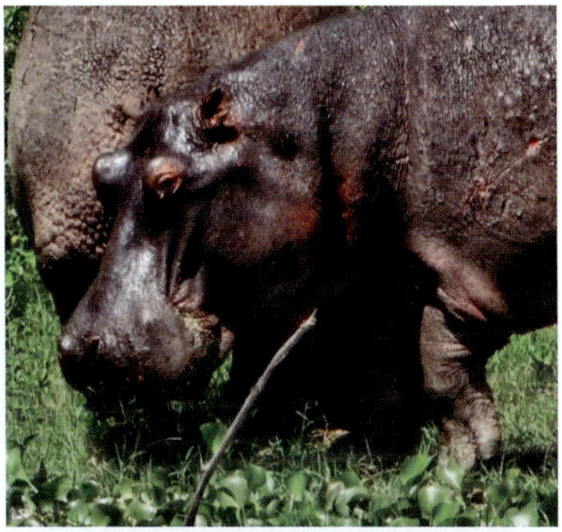

그러나 육지에 올라와서 풀을 뜯고 있는 모습을 가까이에서 보면 아주 징그럽게 느껴진다. 육중하고 둔탁한 몸매에 거친 피부 그리고 툭 튀어나온 눈과 움푹 패인 귀까지…

하마는 코끼리, 코뿔소에 이어 세 번째 거대 육상 포유류인데, 수컷 평균 체중은 1,500kg, 암컷은 1,300kg에 달한다. 몸집에 비해 땅딸막하고 다리가 짧으나 단거리를 시속 30km로 달릴 정도로 기민하다. 하마는 사납고 돌발적인 행동과 성질 때문에 세계에서 가장 위험한 동물 가운데 하나로 알려져 있으며, 아프리카의 강, 호수, 맹그로브 습지 등 물이 풍부한 곳에 서식한다.

하마는 대부분 낮에는 물속에서 놀고, 해가 질 때 육지로 나와 강가의 풀을 먹으며 놀다가 새벽에 다시 물속으로 들어간다. 초식이지만 육식을 하기도 한다. 물속에서는 무리 지어 있지만 먹이는 각자 흩어져서 먹는다.

사회적 동물로 무리와 활발한 의사소통을 하며, 입을 크게 벌려 하품을 하는 비음성적 표현을 한다.

수컷은 텃세가 심해 각자 일정 영역을 차지하고 암컷 5-30마리와 그 새끼를 거느린다.

3 아프리카 사람은 누구?

1 아프리카 사람의 역사

현생인류 호모사피엔스가 아프리카에서 출현하여 세계 각지로 퍼져 나갔다는 것은 정설이다. 그런데, 왜 지역별로 인종의 피부색이 다양한지 의문이 남는다. 아프리카 사람들은 자신들의 피부에 콜라겐 성분이 풍부하고 강렬한 햇빛을 받아 검은 피부색을 가지고 있다고 말한다. 사실은 아프리카 흑인들도 국가와 지역 및 사람에 따라 피부의 색도 아주 검은 피부, 구릿빛 등 다양하고 언어와 문화적으로 매우 다양하다.

아프리카 사람을 민족집단(Ethnic group)으로 분류하면 크게 세 갈래로 볼 수 있다. 먼저 반투(Bantu) 사람들이다. 남아프리카공화국 지역에서 서쪽으로 북상하고, 이어 동쪽으로 퍼지면서 확산되었는데 가장 넓은 분포를 가지고 있다. 다음은 나일로트(Nilotic)이다. 나일강 유역을 따라 북에서 남으로 내려와 케냐와 탄자니아 등지에 널리 분포해 있다. 그리고 쿠사이트(Cushite)인데, 에티오피아와 소말리아 등 홍해인을 중심으로 분포해 있으며 아랍계의 영향을 많이 받은 사람들이다.

고대 아프리카, 이합집산과 변이의 시간...

July 2024

아프리카에 3천여 종족이 있지만, 일부 종족이 널리 알려져 있는데, 대표적으로 마사이를 들 수 있다. 맨손으로 사자 꼬리를 잡는다는 마사이 전사의 용맹 덕분일 수 있다. 유럽인이 근대화된 무기로 아프리카를 식민지화할 때 강력한 전투력으로 끈질기게 저항한 줄루족도 유명하다. 이에 비해 서부 아프리카는 음악과 독창적 의복 등 예술과 종교로 유명한 요루바족이 유명하다. 그리고 면제품과 가죽 가공생산 및 수출 등 비즈니스로 유명한 허우사족 등이 있는데, 지역별로 매우 복잡다기한 특징을 보여주고 있다.

과학자들의 연구결과를 보면 이미 언급한 세 갈래 정도의 큰 민족집단이 이주해

왔지만, 오랜 기간 지역별로 분리되어 상이한 기후 등 자연조건 속에 살면서 3,000여 종족(tribe)으로 분화된 것으로 보고 있다. 아프리카는 지리적 특성상 자연조건이 현저하게 다르고 사람들 간 교류 없이 흩어져 고립된 상태로 살 수밖에 없는 지역이 많았다. 살아가는 환경에 적응하는 과정에서 언어, 관습, 문화와 종교까지 달라져 새로운 종족을 형성하게 된 것이다.

초기에 분화된 그룹을 보면 남부, 서부와 중부 아프리카에 광범위하게 자리 잡은 반투, 동부 아프리카의 나일로트와 쿠사이트족, 나이지리아의 Nok, 북아프리카의 베르베르 등이 있다. 그러나 북부와 동부 아프리카는 고대부터 상상 이상으로 많은 민족과 이합집산이 일어나면서 문화와 생활양식이 동화하기도 하고 변해 왔다.

이집트는 중동과 긴밀하게 교역을 하였고, 메소포타미아와 함께 가장 화려한 고대 문명 국가였다. 또한 중동의 페니키아인들이 아프리카 북부의 지중해 연안에 카르타고를 건설하면서 문화 교류가 더욱 확대되었다. 에티오피아, 지부티, 수단 지역에는 아랍인이 들어와서 아프리카인과 함께 악숨제국을 건설(BC 2C)하면서 번성하였다.

독창적인 고대문화를 자랑하던 이집트도 그리스 프톨레마이오스(BC 323) 왕조의 지배를 받으면서 유럽과 동화되기 시작했다. 이후 로마인이 들어와 지배(BC 30-641)를 하면서 유럽화는 더욱 심화되었다. 서부 아프리카에서는 가나 제국이 출현(AD 300), 황금무역으로 번성하였다. 그러나 13세기에 말리제국이 등장하여 서부 아프리카를 통치하였다.

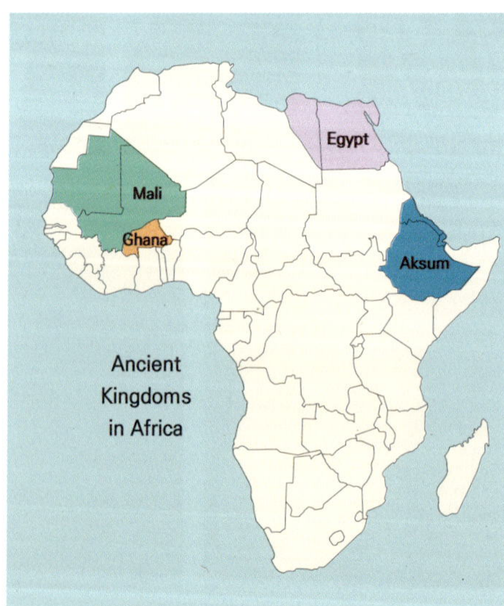

동부 아프리카는 아랍, 인도와 페르시아 상인들이 해안지역으로 와서 무역을 했고 정착촌이 생겨나기 시작

하면서 언어와 생활양식까지 동화 현상이 일어났다.

고대인들의 이동 범위는 어느 수준이었을까?

분명한 것은 현대인들이 짐작하는 것보다 현저히 광범위하다. 아프리카 대륙 남단의 마다가스카르가 말레이족이 세운 나라인 것을 보면 알 수 있다. BC 350-550년 말레이시아 지역에서 카누를 타고 온 오스트로네시아인이 마다가스카르 섬의 첫 정착자였다. 매우 먼 거리이지만 계절풍과 해류를 이용하면 쉽게 이동할 수 있다고... AD 1C 전후 아프리카 대륙으로부터 반투계 민족들이 들어와 혼혈이 되면서 오늘날의 말라가시인을 이루게 되었다.

중세의 멜팅 팟 이집트와 아프리카

July 2024

중동에서 이슬람교가 급속히 성장하면서 세계에 새로운 격변이 일어났다. 아랍의 우마이야 제국이 아시아를 정복하고, 이집트를 정복하고(641년) 베르베르인이 살고 있는 마그레브(리비아, 알제리, 모로코 등)를 거쳐(705년) 이베리아 반도까지 진출한다.

이어 많은 아랍인들이 아프리카로 이주하였다. 기후 변화, 홍수와 기근, 정치적 변화 등 많은 사연을 안고 북부 아프리카로 몰려왔다. 초기에는 아라비아 반도 사람, 이후에는 레반트, 이라크인들까지 아프리카로 몰려온다. 아랍 본국의 지배자가 우마이야 제국에서 아바스 제국으로 바뀌었지만(750년) 국가운영 시스템에는 큰 변화가 없었다.

이후 배두인(아라비아반도 이슬람 교도)이 11세기 아프리카로 이주해 오면서 아랍인들이 마그레브 전역과 사하라 지역으로 확산되었다. 이들 때문에 아프리카의 아랍화(정치, 종교, 법제도, 언어, 문화, 예술)가 빠르게 진행되었다. 그리고 북아프리카 토종 베르베르인들이 이슬람으로 개종하였는데, 아프리카와 이베리아 반도의 이슬람 신자들을 무어(Moor)인이라고 불렀다.

그리고 아프리카 북부의 이슬람 상인들이 강과 무역로를 따라 이슬람 종교와 문화를 전파하였는데, 나일강변 수단지역에 있던 고대 카넴(Kanem) 왕국이 이슬람화(11세기)되었다. 또한 베르베르 상인들이 낙타 카라반을 구성하여 금과 소금을 싣고 사하라 사막을 넘나들며 서부 아프리카의 왕국들과 교역하였는데, 이들이 서부 아프리카에 이슬람교를 전파하여 가나(11세기), 송가이와 말리왕국들이 이슬람화되었다.

동아프리카 해안지역에서는 아랍, 이집트 출신 이슬람 상인 정착촌이 확대되면

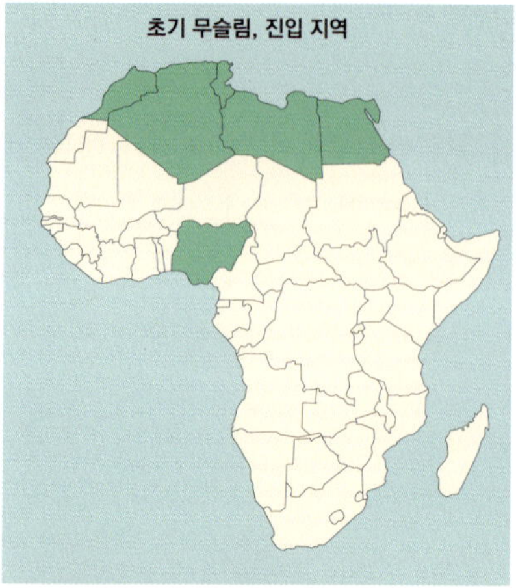

서 8세기에 스와힐리 문화가 탄생한다. 스와힐리 언어(아프리카 반투어+아랍어)와 독창적인 문화가 이슬람의 확산과 함께 형성된 것이다. 해안의 무역 거점인 킬와, 라무, 몸바사, 말린디, 잔지바르는 이슬람 술탄이 통치하는 도시국가로 발전하였다. 12세기에는 페르시아 상인 정착촌까지 확산하기 시작하였고, 동부 아프리카 내륙으로 진출하는 무슬림 상인이 증가하였다. 아프리카 동남쪽 남아공과 인접한 짐바브웨 왕국(1220년)은 이슬람화되지는 않았지만, 스와힐리 도시국가 킬와와 금 무역을 통해 많은 문화적 교류가 있었다.

한편, 아프리카의 이슬람화가 본격화되는 시점에 십자군 전쟁(1095-1291년)이 시작되었다. 당초 예루살렘 탈환이 목적이었지만, 경제적 이익을 노리는 십자군 원정대의 탐욕 때문에 이집트 등 돈 냄새나는 곳은 마구잡이로 침공하였는데, 이 과정에서 북부 아프리카 국가의 운영체계가 큰 변화를 겪게 된다.

이집트를 침공한 십자군을 격퇴한 아랍의 전쟁영웅 살라딘이 아이유브 왕조(1169년)를 세우고 이집트와 시리아를 지배한다. 이미 아바스 제국은 국력이 쇠하여 구경꾼에 불과한 상태였다. 살라딘 사후, 프랑스 루이 9세의 7차 십자군 침공을 물리친 맘루크(중앙아시아 투르크 출신)가 다시 새로운 왕조를 열고(1250년) 이집트를 지배하였지만 지중해 건너 오스만 투르크(1299년, 이슬람화한 투르크 제국)의 세력이 급속히 강해지더니 발칸반도를 점령하고, 시리아 등 중동 함락에 이어 이집트를 정복하고(1517년) 북아프리카의 마그레브 지역까지 점령하면서 대제국을 건설하였다. 교통과 경제 및 문화의 중심지인 이집트와 북아프리카는 온갖 사람들이 몰려와서 인종 전시장으로 전성기를 누리게 된다.

무역로의 중심에서 돈줄을 틀어쥐고 승승장구하던 중동을 무너뜨리고 대항해 시대를 개척한 유럽의 힘은 어디서 왔을까?

중세유럽의 아시아 진출 노력은 아랍의 힘에 밀려 번번이 좌절을 했다.

'홍해 이외, 인도로 가는 다른 길은 없을까?' 이런 고민이 대반전의 시작이었다.

포르투갈의 디아스가 아프리카 남단의 희망봉을 발견하고(1488년), 마침내 다가마가 인도로 가는 길을 개척한 것이다(1497년). 드디어 포르투갈이 아시아 무역로를 찾아 내고 요새를 세워서 항로를 지키기 시작하면서 1500년대에는 국제무역의 선두주자가 되었다. 아시아 향신료와 서아프리카 노예무역을 기반으로 급성장한 시기이다. 그러나 포르투갈과 스페인은 무역으로 폼만 잡았지, 여전히 오만 등 중동

세가 막강하던 시기이다. 도칙 중동세력과 역할 분담의 시기로 볼 수 있다.

그런데 네덜란드의 시대(1600-1700년대)에는 근본적인 변화가 일어난다. 네덜란드는 포르투갈의 무역 거점을 빼앗고 동인도 회사를 앞세워 향신료 무역을 독점하였다. 인도, 동남아, 중국시장에 진출하고, 아프리카 남단 케이프타운에 물류와 상업을 위해 유럽인 첫 정착지를 세웠는데(1652년), 남아프리카공화국으로 발전하였다.

스페인 무적함대를 물리치며 기세를 올린 영국이지만, 네덜란드에는 당할 수 없었다. 그러나 영국은 네덜란드에 밀리면서도 끈질기게 도전하면서 새로운 역사를 만들어 냈다. 향신료 제도에서 네덜란드에 쫓겨나서 인도로 갔는데 동인도 회사의 인도 면화 수입이 대박을 치면서(1639년 인도 마드라스 공장 건설 후 유럽으로 대량 수입) 주도권을 잡는다. 그리고 18세기 산업 혁명으로 생산력을 높여 대세를 장악한다(1776년 제임스 와트 증기기관, 1814년 스티븐슨 증기기관차).

이때까지는 유럽이 아프리카 해안지역에서 금이나 상아, 노예 등을 빼가는 수준이었는데… 영국이 산업 혁명에 힘입어 아프리카에 철도를 건설하면서 속살까지 파먹는 단계인 식민지화가 시작되었다. 이미 유럽국가들이 아프리카 각 지역에서 보호령 등의 이름으로 지역별 이권을 차지하고 있었지만 전면적인 수탈 구조로 진입한 것이다.

식민지의 특징은 비싼 광물 자원을 뽑아가기 위해 철도를 건설한다.

토지를 빼앗아 대농장을 만들고 유럽에서 온 백인들이 차지한다. 환금성 높은 작물인 차, 사탕수수, 담배와 면화 등을 재배하는데, 현지의 노예 등 저임금 노동력을 이용하여 이윤을 극대화한다. 또한 화폐와 높은 세금 수출입 통제 제도를 이용해서 이삭 줍기까지 놓치지 않고 깔끔하게 모든 이권을 챙기는 것이다.

이러한 지배체제를 공고화하기 위해 식민지 정부의 행정체계를 정비하고 도시를 발전시켰다.

유럽인이 식민지 국가에서 짭짤하게 거두어 들이는 경제적 이권 덕분에 유럽인이 아프리카에 모여들었는데, 남아공 인구의 21%, 알제리 16%, 나미비아 14%, 리비아 13%, 튀니지 10%, 모로코 10% 짐바브웨 8%, 알골라 7%의 인구가 백인이었다.

웃기는 것은, 유럽국가끼리 식민지분할의 원칙을 정하고(1884년, 베를린 회의), 식민지를 나눠먹기 시작했다. 영국이 카이로에서 남아공까지 동부를, 프랑스는 북부와 서부 아프리카를, 포르투갈은 앙골라와 모잠비크, 벨기에는 콩고, 독일이 탄자니아를 차지했다. 그러나 분배 완료(1914년) 후 식민지 배당이 적은 독일이 열을 받아 1차

세계대전을 일으켰지만, 결국 폭망하고 전승국 영국이 탄자니아까지 빼앗아 더 큰 식민지를 차지했다.

이렇게 유럽이 300년을 해 먹으면서 아프리카의 인프라와 교육 및 사회 시스템과 의식주 심지어 종교까지 유럽화가 진행되었다.

고유문화에 집착하는, 마사이와 워다베족

마사이(Masaai)족

혹시 아직도 벌판에서 동물 뼈를 코나 귀에 걸고 맨발로 뛰어다니는 흑인들이 있을까?

이들이 창으로 동물을 잡아먹는 모습 등은 그동안 만화 또는 영화에 많이 나왔던 장면이다. 영화 〈Out of Africa〉를 보면 백인이 총으로 동물을 사냥하면 맨발의 흑인들이 가서 메고 오는 장면이 있다.

그러나 이런 모습은 아프리카에서도 이미 오래전에 사라지고 없다. 다만, 가난해서 생활환경이 거의 원시적인 형태로 남아 있는 곳이 있고, 마사이 빌리지 같이 일부 고집스러운 종족이 전통적인 생활양식을 유지하며 살아 가는 지역이 남아 있다. 또한 마사이 마라 같은 관광지 주변에 사는 마사이족들은 그들의 생활상을 보여주고 관광상품을 판매하기 위해 의도적으로 원시적인 생활상을 유지하고 있다.

여러 가지 이유로 고집스럽게 전통을 따르는 부족들 중에는 마사이와 워다베 등이 유명하다.

마사이족은 영화 〈Out of Africa〉에도 등장한다. '마사이족을 생포하여 감옥에 가두어 두면 스스로 목숨을 끊기 때문에 노예로 사용할 수 없다'는 대사가 나온다. 마사이족은 케냐 북부, 중부, 남부와 아프리카 오대호 지역 인근 탄자니아 북부에 거주하는 나일로트족의 종족이다. 마사이 전사와 이들의 전투력이 가장 유명하다. 모란으로 알려진 마사이족 전사는 14-30세의 젊은 남성으로 구성되어 있다. 모란은 길들여지지 않은 동물과 외부인으로부터 가축과 마을을 보호하는 등 지역사회의 수호자 역할을 하기 위해 강도 높은 훈련 프로그램을 거치게 된다. 마사이족 뛰뛰기 춤이라고도 알려진 아두무는 젊은 마사이족 전사들이 추는 전형적인 춤의 일종이며, 결혼식, 종교의식 및 기타 중요한 문화 행사를 비롯한 의식 행사에서 활기차고 곡예적인 다양한 춤을 선보인다.

이들은 화려한 비즈 장식으로도 유명하다. 남성과 여성 모두 화려한 구슬로 만든 정교한 장신구를 착용하는데, 구슬의 색상과 무늬는 특정한 의미를 지니고 있으며 공동체에서 통용되는 시각적 커뮤니케이션의 일부이다. 흰색 구슬은 축복, 평화, 건강의 상징, 빨간색 구슬은 단결을 상징하며, 검은색 구슬은 거룩함을 나타내고, 파란색 구슬은 기운을 상징하고, 주황색 구슬은 환대를 상징한다. 이러한 장식품은 장식적인 요소로 사용되지만 개인의 사회적 지위, 나이, 결혼 여부에 대한 중요한 의미를 담고 있다.

또한 이들은 특이한 음식으로도 유명하다. 우유 제품, 육류, 소의 피는 마사이족 식단의 주요 요소이다. 주요 식품인 우유는 신선하거나 발효된 상태로 섭취한다. 고기는 특별한 날이나 의식에 먹으며, 피는 가축의 목 정맥을 상처 없이 잘라 채취하는데, 이는 가축에 대한 마사이족의 깊은 애정을 반영하는 관습이다.

워다베(Wadaabe)족

워다베족은 Fulani족의 한 분파인 유목종족이다. 19세기 나이지리아 지역에서 무슬림의 영향력과 영국의 식민지 억압을 피해 이동하여 아프리카 사헬지역에 자리를 잡은 부족이다. 워다베족은 아프리카 대륙의 다양한 문화 중에서도 독특하고 매혹적인 집단으로 알려져 있다. 나무 껍질, 씨 또는 잎 등을 파우치나 터번 등에 부적으로 가지고 다니며, 액운을 방지하고 번식과 아름다움을 위해 얼굴에 문신(타투)을 하는 관습이 유명하다.

많은 아프리카 인들이 문신을 하는 관습이 있지만, 특히 웨다베 족의 문신은 특이하다. 문신과 함께 흉터를 만들기도 한다. 뜨거운 다리미로 피부를 자르거나 낙인을 찍어 피부에 복잡한 무늬나 디자인을 만드는 것이다.

문신은 영적 신념 및 전통 관습과 깊이 얽혀 있다. 육체와 정신 세계, 공동체의 가치 사이의 연결을 강화하기 위해 문신을 하는데, 이러한 독특한 문신은 아름다움을 추구하는 미적인 측면도 있지만, 종족의 정체성과 사회적 지위를 나타내는 상징이기 때문에 이런 전통이 유지되고 있는 것이다.

또한 이들의 구애댄스도 매우 유명하다. 워다베 문화에서는 아름다움이 중요한데, 남성들도 적극적으로 자신의 미적 감각을 추구한다. 게레월은 남성들이 민첩성, 우아함, 신체적 매력을 뽐내며 잠재적인 파트너를 끌어들이기 위한 구애 의식이다. 이들은 여성들의 마음을 사로잡기 위해 정교한 전통의상을 입고 세밀한 얼굴 페인트와 화려한 장신구로 포인트를 주며, 까다로운 기술과 예술성을 선보이는 동안 에너지 레벨을 유지하기 위해 발효된 나무껍질 음료를 마신다.

아프리카인의 디아스포라

아프리카의 많은 흑인 노예가 미국으로 보내졌고, 무시와 차별을 당한 흑인 노예 이야기는 영화 등을 통해 세계인들에게 많이 알려져 있다. 그러나 사실은 더욱 많은 서부 아프리카 흑인들이 브라질 등 남미와 카리브 사탕수수 농장으로 이동해 갔으며, 동부 아프리카의 흑인들도 중동과 아시아에 노예로 퍼져 나가면서 아프리카인이 세계 각지에 흩어져서 살고 있다.

현재의 시점에서 세계 각지에 흩어져 살고 있는 아프리카인들을 보면 아메리카 지역에 가장 많은 인구가 살고 있다. 노예무역의 영향이 작용한 것으로 짐작할 수 있다. 미국(4,700만), 브라질(2,100만), 아이티(1,000만), 콜롬비아(460만) 등이 대표적인 아프리카계 인구 밀집 국가들이며, 이외에도 캐나다, 푸에르토리코, 쿠바, 에콰도르, 베네수엘라, 도미니카, 멕시코 및 자메이카 등에 각각 100만 이상의 인구가 있다. 유럽의 아프리카계 인구도 빠르게 증가하고 있는데 프랑스(400만), 영국(320만)에 집중되어 있으며, 독일과 이태리, 스페인에도 100만여 인구가 살고 있다. 사우디아라비아(340만)를 중심으로 중동에도 아프리카계 인구가 증가하는 추세이다.

역사적으로 보면 아프리카인의 타 대륙 이주는 그리스로마 시대에 시작되었으며, 8세기에는 아랍계 잔지바르 술탄국에 의해 많은 중앙아프리카와 동아프리카 사람들이 중동과 아시아로 강제 이주하기도 했었다.

대표적인 노예무역으로 잘 알려져 있는 15-19세기 동안 엄청나게 많은 서부와 중앙아프리카인들이 브라질, 미국과 아이티 등 아메리카 대륙으로 이주를 당하였다. 당시 스페인의 아메리카 원정대에 자발적으로 참여하기 위한 이주도 있었지만 이는 극소수이다. 노예상태의 강제 이주가 절대적인 비중을 차지하였다.

아프리카인들의 아메리카 대륙 이주는 많은 문화적 확산과 전파로 이어졌는데, 브라질의 카니발 등 축제문화, 춤과 음악 그리고 아프리카 음식문화가 아메리카 대륙에 정착하는 계기가 되었다. 특히 미국과 여타 지역에서는 랩과 레게 등 새로운 음악 장르를 만들어 내는 계기가 되었으며, 육상, 축구와 미식축구 및 농구 등 스포츠 발전에 크게 기여하였다.

20세기 이후에는 아프리카인들이 자발적으로 여타 대륙에 이주하는 사례도 빠른 속도로 증가하고 있는데, 많은 사람들이 보다 좋은 생활 여건과 직업을 찾아 미국과 유럽 및 중동 등 아시아로 진출하고 있다.

2 토착 종교와 변천

토착 종교의 모습과 변화 과정

Apr 2024

왠지, 아직도 많은 아프리카 사람들이 미신을 믿고 있다는 생각이 드는가?

이는 현실과 완전히 다른 생각이다.

세계 어느 지역에서나 종교의 기원을 보면 자연과 조상에 대한 경외심을 기반으로 하는 토템과 미신 등이 원시종교의 형태였다. 그리고 문명의 발전과 함께 다양한 종교가 이합집산을 하면서 종교가 발전해 왔다. 따지고 보면 인도의 불교, 중동의 기독교와 이슬람의 역사가 그리 길지 않다. 이들 종교가 빠른 속도로 세계 각지에 전파되었으며 전파 과정에서 현지의 토착 종교와 다양한 형태로 변화하기도 하였다.

여느 대륙과 같이 아프리카에서도 종교는 자연에 대한 경외심에서 출발하였다. 강과 나무 등 자연정령에 대한 경외심을 가지고 있었으며, 조상이나 영혼에 의지하기 위한 의식으로 발전하였다. 그리고 점차 절대 신에 대한 믿음으로 발전한다. 다수 아프리카의 토속신앙은 우주를 창조하고 자연을 다스리는 전능한 단일 신을 중심으로 하고 있다.

고대 아프리카인들은 종교의식을 통해 현실 세계와 영적 세계의 연결을 추구하기도 하였다. 그리고 이러한 연결 고리나 수단으로 가면과 같은 도구를 사용하고, 북소리 리듬과 현란한 율동을 통해 신이나 영과 소통하는 분위기를 조성한다. 아프리카에 다양한 가면과 북 등이 발전한 것은 이러한 현상의 반영이라고 할 수 있다.

종교적인 의식을 통해 악기와 음악, 춤이 발전하였지만, 사람들의 일상생활에도 큰 영향을 미쳤다. 종교적인 제단은 제물과 예배를 통해 신이나 영혼과 소통하는 신성한 장소로서 종교 지도자들이 엄격하게 관리하여 왔다. 종교적 의미를 가지는 신성한 숲 등은 신이나 조상이 거주하는 공간으로 간주하여 영적인 영역과의 연결성을 부여하고 있다.

몇 가지 특이한 전통종교의 사례를 보면, 우선 쇼나이족 종교(짐바브웨)는 조상 숭배와 음와리라는 최고 창조신에 대한 믿음을 중심으로 한다. 영혼의 인도를 구하며, 공동체의 평안을 보장하기 위해 조상을 기리는 종교의식을 가장 중요한 활동으로 거행해 왔다. 또한 다가라 종교(서아프리카)는 강과 나무와 같은 자연 정령에 대한 경외심을 가지고 있다. 인간, 자연, 영적 세계의 상호 연결을 존중하는 의식에 중요한 의미를 부여하고 있다. 아칸 종교(가나와 코트디부아르)는 니아메라는 최고 신을 숭배하고

아보솜으로 알려진 하급 신과 정령의 판테온을 중심으로 전개된다. 이보족 종교(나이지리아)는 영적 세계 및 공동체와의 조화를 유지하기 위해 새해 축제(이리 게오), 가장무도회, 점술 의식 등을 강조한다.

고대 종교의 특징은 지역을 불문하고 사회를 운영하는 시스템의 근간으로 발전하였다. 종교 지도자들이 종교관을 중심으로 공동체의 도덕적 가치를 설정하고 사회규범을 형성하게 되며, 종교적 신념을 이용하여 공동체의 소속감을 강화하고 집단체제를 유지하여 왔다. 이와 같이 종교적 신념을 기반으로 사회가 운영되었기 때문에 종교 지도자들이 정치적 권위를 독점하는 신정일치의 전통이 유지되어 왔다. 또한 종교는 음악, 춤과 예술 및 전통 형성에도 결정적 역할을 해 왔다. 일상적인 삶의 형태인 결혼식, 치유를 위한 의식과 장례식 그리고 풍요를 기원하기 위한 의례 등에도 종교적인 관념과 형식이 적용되었다. 따라서 구성원들의 일상생활 양식에까지 깊이 스며들게 되는 것이다.

아프리카에서는 종교적인 관념을 주술적으로 이용하기도 한다. 행운을 빌거나 치유 등 의학적 목적에 초자연적인 힘을 이용하려는 시도이며, 심지어 악의적인 수단으로 이용하기도 한다. 특정인에게 액운이 생기도록 해로운 주문이나 저주를 하는 의식이 행해져 왔는데, 아주 일부이지만 오늘날 케냐 등에서도 이러한 주술사들이 활동하고 있다.

인류 역사의 전개과정을 보면 군사와 경제력 등 힘이 강한 집단이 세력을 외부로 확장하면서 자신의 문화와 종교를 자신들이 정복한 지역에 전파하면서 지배력을 강화해 왔다. 아프리카 지역도 예외가 아니다. 중세 시기 이슬람이 아프리카에 진출하면서 아프리카의 복잡다기한 전통 문화와 종교를 밀어내고 이슬람 문화권으로 탈바꿈시켜 나갔다. 그리고 대항해 시대 이후에는 유럽인들이 아프리카를 지배하면서 기독교를 전파하기 시작하였다.

그러나 아프리카 전통종교가 이슬람과 기독교 등 외부 종교에 밀려나는 과정에서 많은 갈등이 있었고 이들과 대립하는 과정을 거쳤는데, 일부 지역에서는 이슬람이나 기독교가 일부 토착 종교의 요소와 결합하여 특이한 형태로 발전하기도 하였다. 기독교가 에티오피아에 수용되는 과정에서 고대에 뿌리를 둔 에티오피아 토착 종교적 전통과 결합하여 탄생한 에티오피아 정교회(테와헤도)를 사례로 들 수 있다. 외부에서 유입된 기독교를 수용하되 조상 숭배와 이를 위한 희생적 의식 등의 관습적 요소를 혼합하는 형태로 변형되었다. 또한 나이지리아 요루바족은 기독교와 전통신앙에서 행하던 관습의 일부 흡수하여 알라두라라는 혼합주의적 형태의 기독교를 만들었다.

노예무역을 통해 아메리카 대륙으로 넘어간 아프리카인들도 고유의 종교적 특징을 고수하면서 현지화의 과정을 거쳤다. 아프리카의 영성과 가톨릭 및 현지 신앙을 결합하여 탄생한 부두교(아이티와 카리브해에서 행해지는 종교)가 좋은 사례이다. 부두교에는 영혼 빙의, 조상과 신에 대한 경외심 등 아프리카의 전통적인 요소가 남아 있다. 부두교의 의식 중 율동적인 북 치기와 정령에게 제물을 바치는 의식 등은 대표적인 아프리카 종교적 요소로 볼 수 있다.

브라질의 깐동블레, 카리브해의 산테리아 등도 아메리카 대륙의 노예들이 박해를 피하기 위해 기독교로 개종하는 과정에서 기독교가 아프리카 고유의 종교적 신념의 일부 요소와 결합하면서 새로운 형태로 발전한 종교라고 할 수 있다. 여러 가지 면에서 천주교와 비슷한 산테리아는 요루바족의 신에서 유래한 오리샤를 숭배하며, 조상 숭배와 점술 등의 요소가 남아 있다.

아프리카인들이 아메리카 신대륙에서 착취와 억압을 받으며 정착하는 과정에서 공동체의 문화적 정체성을 유지할 수 있었던 것은 아프리카 고유의 종교적 신념이 바탕이 된 것으로 볼 수 있다. 노예가 된 아프리카 사람들은 영적인 관습을 통해 억압에 저항하고 자신의 존엄성과 자율성을 유지할 수 있었다.

현대 아프리카 종교

Apr 2024

아프리카인의 종교에 대한 조사결과를 보면 기독교(49%), 이슬람(42%)으로 대별할 수 있다.

아프리카인들 중에서도 정글이나 사바나 같은 시골 지역에 전통 종교가 남아 있을 것으로 짐작할 수 있으며, 아시아 등 외부에서 유입된 사람들의 종교가 있어 복잡다기하다. 아프리카에 많은 인도와 중국 등 아시아인들이 들어와서 살고 있는데, 이들 중 많은 사람들이 기독교 등을 받아들이고 있지만, 힌두교와 같은 자신들의 고유 종교를 고수하는 사람들도 많이 있다. 나이로비에 있는 힌두교 사원 등을 보면 실감할 수 있다.

아프리카 종교는 지역별로 뚜렷이 구분되고 있는데, 사하라 이남 지역은 대부분이 기독교 국가이며, 지중해 연안의 북부 아프리카와 나일강 연안 수단, 카메룬과 나이지리아 등 일부 서부 아프리카 국가들에서는 이슬람 인구가 우위를 점하고 있다.

역사적으로 보면 아프리카에서도 기독교의 뿌리가 매우 깊다. 이집트에는 AD 42년에 교회가 설립되었고 콥트 정교회로 발전해 왔다. 또한 에티오피아의 고대국가인 악숨제국은 로마의 기독교 공인(333년)보다 20년 앞서 기독교를 공인하였고(313년), 기독교를 국교로(392년) 삼은 나라이다. 북부 아프리카 지역은 그리스와 로마의 영향으로 기독교가 활발하게 보급되어 왔다.

그러나 7세기 이후 이슬람이 북부 아프리카를 점령하면서 이슬람교 지역으로 변화하기 시작하였다. 또한 동부 아프리카 해안지역은 이슬람 상인들과 활발하게 교류를

하면서 이슬람 문화가 스며들었다. 아랍의 언어와 문화 그리고 아프리카 언어와 문화가 결합하여 스와힐리어와 문화권이 형성되었다. 스와힐리 문화권은 아프리카의 동부 해안지역을 따라 퍼져 나갔으며, 상인들을 따라 내륙으로까지 확산되었다.

또한 이슬람 상인들이 나일강, 니제르 등 강을 많이 이용하였기 때문에 주요 강변지역이 이슬람을 받아들였다. 이슬람 세력의 아프리카 진출은 예술, 건축, 법률, 교육 등 아프리카인의 생활과 문화 전반에 커다란 영향을 끼쳤다.

그러나 대항해 시대로 불리는 15세기 이후 포르투갈과 스페인을 시작으로 유럽 세력이 아프리카에 진출하였다. 특히 18세기 이후 식민지 시기를 거치면서 다시 기독교가 아프리카에서 빠른 속도로 전파되면서 사하라 이남의 대부분 국가들이 기독교 국가가 되었다. 아프리카 기독교의 종파를 보면 프로테스탄트(53.7%), 카톨릭(22.8%), Orthodox(6.8%), African Instituted(5.9%)인데, 영국과 프랑스 등 신교국가의 식민지 지배가 큰 영향을 끼친 것으로 보인다. 대항해 시대 시작된 유럽인들의 아프리카 진출은 종교 이외에도 정치, 경제 시스템, 사회 및 문화 모든 면에서 큰 변화를 가지고 왔으며 오늘날까지 이어지고 있다.

4 유럽 아랍과 아시아 이민자

1 유럽 아랍과 인도의 영향력

고대에는 페니키아인, 그리스와 로마인의 아프리카 진출이 활발하였다. 그러나 중세 아랍인들이 북부 아프리카에 대거 이주, 오랜 세월 아랍문화를 이식하였기 때문에 북부 아프리카는 아랍 문화권으로 분류된다. 근세에는 아프리카인들이 대거 아시아, 아메리카 신대륙과 유럽으로 떠나가고, 많은 유럽과 인도 및 아시아인들은 아프리카로 몰려 들면서 인종 구성이 복잡다기하게 전개되고 있다. 특히 인도와 레바논 등 중동과 중국인들이 아프리카로 대거 이주하면서 아프리카에 많은 변화를 일으키고 있다.

오늘날 국제사회의 가장 중요한 의사결정 시스템 중에 하나가 일국일표 기준 투표체계이다. UN에서 중요 안건 의결, 올림픽 개최지 또는 엑스포 개최지를 선정할 때 UN 등 회원국들의 투표를 거쳐 다수결로 결정한다. 이런 시스템 때문에 아프리카와 유럽의 힘이 결정적이다.

유엔의 총 193개 투표권 중에서 아프리카가 55개, 유럽이 43개를 차지하기 때문이다. 아시아 51개 중에서 중동 12개를 제외하면 39개에 불과하다.

한국에서는 2030엑스포 부산 유치가 가능하다고 했지만… 사우디는 미동도 하지 않고 자신감을 보인 이유가 있다. 중동 12개국과 중동의 사촌인 아프리카의 투표권 55개, 유럽의 43개를 확보했기 때문이다.

우리나라에서 실현 가능성이 보이지 않는 경제협력을 외치면서 아프리카 국가의 지지를 호소하고, 지지를 받은 것으로 착각했지만… 중동과 사촌 간인 아프리카인들을 모르고 기대한 헛물켜기에 불과하다. 이는 BIE 회원국 투표에서 처절하게 패배하면서 깔끔하게 입증되었다.

아랍은 언어와 문화에 의한 구분인데 중동 12개국과 아프리카 10개국, 총 22개국으로 볼 수 있다. 아프리카 아랍국은 이집트, 리비아, 알제리, 모로코, 튀니지, 모리타니, 수단, 지부티, 소말리아, 코모로이다. 이외에도 에리트레아, 차드, 탄자니아 등 아랍 영향권 국가들이 있다. 종교적으로 보면, 아프리카 인구의 42%가 무슬림으로 기독교(49%)와 거의 대등한 수준이며, 교세가 상승세이다. 세네갈, 부르키나파소, 나이지리아와 가봉 등이 아랍권은 아니지만 이슬람교 국가들이다. 심지어 케냐 등 대표

적인 기독교 국가에서도 몸바사 등 해안 지역에 많은 무슬림 인구가 있다. 아프리카에는 많은 아랍 출신 인구가 유입되어 대를 이어 살고 있으며, 상업에 능한 무슬림의 특성상 다수 국가에서 상권을 장악하고 있다. 레바논계를 예로 들어 보면 아프리카 내 인구가 45만 명에 달하며, 아이보리 코스트, 세네갈, 가나, 시에라리온과 나이지리아 등 서부 아프리카에 대거 포진해 있다. 이들이 무역과 상업에 종사하여 중산층 이상의 그룹을 형성하고 있는데, 나이지리아 Chagoury Group 등 대기업도 있다. 이 외에도 오만, 예멘 출신도 많이 거주하고 있다. 같은 아프리카 국가이지만 소말리아계가 케냐 등 다른 국가로 진출하여 소매 유통과 물류 등 상권을 차지하고 있다.

아랍계의 영향력은 교육과 의료 관련 기업 등 경제권에도 잘 나타난다. 케냐의 경우 Aga Khan 대학과 병원 등 아랍계 교육 및 의료시설이 확고한 입지를 구축하고 있다. 아랍계 토착 아프리카인들뿐만 아니라, 두바이, 사우디 등의 투자기업도 영향력을 확대하고 있다. DP Logistics(물류), AAIB(금융), Arab Contractors(건설) 등이 대표적인 기업들이며, 금년 두바이는 금융, 통신, 물류와 식품 가공분야에 2.5억 달러 투자를 발표하였다. 따라서 아랍의 아프리카에 대한 외교력이나 영향력은 생각보다 막강하다.

더욱이 아랍과 아프리카의 밀착은 오랜 역사가 뒷받침하고 있다. 초기 진출은 무역을 통해서이다. BC 2-3C 이미 아랍 상인이 아프리카와 무역을 시작하였으며, 1세기에는 아랍 상인들이 에티오피아와 함께 무역대국인 악숨제국을 건설하였다. 다음 단계는 정복전쟁이다. 아랍이 이집트를 정복하고(640년) 북부 아프리카와 이

베리아 반도까지 진출하였으며, 소말리아(900년) 그리고 수단을 무슬림으로 개종시켰다(1300년). 또한 정복지에서 종교를 강요하기보다는 동등 대우와 상업환경 조성을 통해 자연스럽게 무슬림 국가로 정착시켜 나갔다. 북부와 달리 동부 아프리카 해안지역에서는 지속적인 무역관계를 통해서 아랍문화가 정착되었다. 아프리카와 아랍어가 혼합된 스와힐리어 기반의 독특한 문화가 형성되었다(10세기 이후). 스와힐리 문화권은 아프리카의 뿔 소말리아에서 모잠비크에 이르는 동부 아프리카 해안 전역이다.

대항해 시대로 알려진 15세기 포르투갈을 필두로 유럽 세력이 몰려들기 시작했으나 이 시기는 아랍과의 정치, 문화적 공존기로 볼 수 있다. 유럽이 아프리카에서 힘을 발휘한 기간은 불과 200여 년간이다. 1800년대 영국과 프랑스 및 독일 등이 진출하여 식민지 지배를 시작하면서 종교와 언어 및 정치, 경제적 예속의 시대를 거치게 된다.

그러나 대부분의 아프리카 국가들은 2차 세계대전 후, 60년대를 거치면서 독립했다. 물론 아직도 기독교와 영어, 불어 등 언어 그리고 경제체제를 기반으로 한 유럽의 영향력은 막강하다. 유럽계 인구는 4.6백만으로 보고 있는데 금융과 통신 등 기간 산업 그리고 막대한 토지 소유와 고부가 농업 분야 등 최상위 경제구조를 확고히 장악하고 있다. 문제는 이러한 유럽의 영향력에 대한 아프리카인의 시선이 싸늘하다는 점이다. 유럽의 가혹한 식민지 지배 정책과 지속적인 경제적 이권 개입에 대해서 강한 반감을 보이고 있으며, 식민지배 역사에 대한 반성과 사죄를 요구하고 있는 상황이다. 아프리카인들은 단결을 통해 불행한 역사를 반복하지 않기 위해 AU(Africa Union) 등을 결성하여 정치와 경제적 협력을 강화하고 있으며, 외교 정책도 주요한 안

건에 대해서는 공동 보조를 취하고 있다.

자원개발을 위한 자본확보와 유럽 중심 사회 시스템으로 인해 유럽과의 협력체계는 유지하지만, 또 한편으로는 강한 반감을 가지고 있는… 미워하면서 협력하는 이중적 구조이다.

뿌리 깊은 인도의 영향력

Jan 2023

영국에서 공부한 간디가 남아프리카공화국에서 변호사로 활동하다가 인도로 가서 비폭력 독립 운동을…

간디 자서전을 읽으면서 특이한 경력에 의문이 있었다. 영국과 인도를 오가는 것은 좋은데, 왜 남아프리카공화국에서 변호사 개업을 했을까?

알고 보니, 아프리카에 많은 인도인들이 살고 있다. 영국 식민지 시절 인도 사람들이 아프리카를 포함하여 영국 식민지의 각 대륙에 대거 진출하였었다. 영국이 노예제도를 폐지하면서 식민지 농장 등 모든 지역에서 엄청난 노동력 부족에 시달렸는데 이를 해소하기 위해 인도 노동자를 대거 고용하였다. 또한 세계 각지의 다양한 식민지를 효율적으로 통치하기 위해 인도의 전문 인력과 노동력을 적극 활용하였기 때문이다.

아프리카의 인도계 인구는 270만인데, 남아공(130만), 모리셔스(88만), 리유니온(22만), 케냐(11만) 등에 많이 분포해 있다. 이들 인도인은 오랜 이민 역사의 과정을 통해 아프리카 각국의 정치와 문화 및 경제발전에 기여하였다. 케냐에서는 나이로비대학(간디 기념 아카데미+나이로비 왕립 공대) 설립의 기초를 담당하여 고급 인력을 길러내고 있다. 또한 영국 등에서 유학한 많은 인도 의사들이 활동 중이고, 최고 영리 의료법인인 MP Shah 병원 운영 등 사회 기반을 확립하는 데 기여하였다. 심지어 인도 음식이 현지인들 식생활에도 많은 영향을 미쳤다.

경제분야를 보면 부동산, 소매부터 대형 쇼핑몰 등 유통과 물류 및 호텔 심지어 금융 분야에서도 확고한 입지를 가지고 있다. 이뿐만 아니라 의료, 제약 및 ICT 등 첨단 산업분야를 비롯하여 철강 등 제조업과 에너지 분야에 대거 진출해 있다.

케냐의 인도계 부자는 Chandaria, Shah가 있으며, 인도계 유명기업으로는 BIDCO, Devki Group, Simba Corp, Comcraft, Sameer Group 등이 있다.

인도 기업의 아프리카 진출도 활발한데, 투자금액이 $720억 수준이고, 남아공(150), 나이지리아(135), 케냐(60) 등에 많이 진출해 있다. 대표적 진출 기업은 아르셀로 미탈, Tata, Reliance, Essar, Airtel 등이다.

인도 상인의 중동, 유럽 진출은 고대 그리스, 로마로 거슬러 가지만, 인력의 대거 이주는 영국 식민지 시절이다. 영국의 노예제도 폐지(1833년)에 따라 사탕수수 플랜테이션 등에 계약 노동자로 진출하면서 급증하였다. 1800년대 후반 영국의 철도 건설이 본격화되면서 중간 관리자들의 진출로 이어진다. 현지에서 부를 축적한 인도인들이 회계사, 변호사, 의사 등으로 진출하여 전문직 분야를 장악하였다. 2차 세계대전과 아프리카 국가들의 독립운동 시기를 전후하여 많은 유럽의 정치, 경제계의 지배계층과 전문 인력들이 본국으로 돌아갈 때 인도계 전문가들은 현지에 남아 활동영역을 넓혔다. 방대한 정보력과 전문성 면에서 현지인들을 압도하였기 때문이다.

인도인들이 아프리카 국가들의 독립 후 부를 독점하고 전문영역을 장악하면서 현지인들과 갈등관계가 심화된 측면도 있다. 그리고 아프리카의 인도인들이 고유의 문화와 종교를 고집하는 등 의도적으로 현지인과 거리를 두는 모습도 현지인들의 반감을 악화시키고 있다. 최근에는 이러한 갈등을 해소하고, 아프리카 경제발전을 지원하기 위한 노력을 강화하고 있다. 아프리카 국가들 과의 협력 플랫폼으로 IAFS(India

-Africa Forum Summit)를 2007년 시작하였는데, 3년 주기로 개최하며 아프리카 14개국 정상이 참석하는 방식이다. 농업, 무역과 상업투자 및 보건 교육분야 협력을 확대하고 있다.

2 중국과 일본의 진출 확대

중국의 융단폭격 전략 어디로...?

Feb 2024

니하오, 니하오… 케냐 사람들이 나를 만나면 건네는 인사말이다.

"나는 한국 사람이야!" 내 국적을 밝히면 멋쩍은 웃음을 보이며 사라진다. 최근 중국 사람이 대거 유입되면서 아프리카인들은 동아시아 사람들을 보면 무조건 중국인으로 생각할 정도이다.

중국이 1950년대 아프리카의 제3세계 국가에 대해 원조를 제공한 사례가 있다. 그러나 이는 정치적 목적의 제한적 수준이었고, 중국의 아프리카 진출은 2010년 전후부터라고 봐야 한다. 중국의 일대일로 정책(2013년) 이후 미국의 아프리카 투자를 압도했다. 2011-2020 중국의 아프리카 FDI(해외직접투자)는 $3,000억(WB)을 기록했는데, 2018년 일대일로 사업을 위한 협력 플랫폼인 FOCAC 출범과 함께 FDI가 최대를 기록한 것이다. 이후 엄청난 투자가 이어지고 있다.

현재 100만 명 수준의 중국계가 아프리카에 살고 있다. 남아공(30만), 마다가스카르(10만), 잠비아(10만), 수단(7.4만), 이디오피아(6만) 그리고 앙골라, 케냐, 나이지리아, 우간다(각각 5만)에 많이 분포해 있다. 심지어 대형 프로젝트 계약 노동자가 10만에 달하는데, 알제리, DRC와 나이지리아 등에 많이 있다.

중국은 아프리카에서 경제적 진출과 함께 이미지 관리를 위해 공자학당을 운영하면서 중국어 교육과 문화 교류를 확대하고 있다. 화웨이 등 기업도 트레이닝센터 운영 등을 통해 우호적 분위기를 조성하고 있다.

중국의 진출방식을 보면, 에너지자원, 코발트 등 전략광물 분야 자원개발에 우선적으로 투자를 확대하였다.

또한 일대일로의 관점에서 아프리카 철도망 건설에 나섰다. 케냐, 에티오피아와 탄자니아 등 동부 아프리카와 앙골라, 나이지리아 등 서부 아프리카 국가들이 중국 자본과 기술로 철도를 건설하였다. 중국은 여세를 몰아 도로와 항만, 공항 및 댐 등 대규모 프로젝트를 거의 독차지하고 있으며, 아파트 및 주택 건설 분야까지 대거 진출하였다. 제조업 등 여타 분야 진출도 활발한데, 아프리카에 3천억 달러를 투자, 1만 개 기업이 진출하였다. 일대일로 기반의 인프라와 건설 분야에서 시작하여 제조업, 부동산 등 다양한 분야로 확산시키는 전략이다.

심지어 중국계 인구 증가와 함께 식당 등 다양한 서비스 분야까지 진출하고 있다. 대표적인 아프리카의 중국계 기업은 Sinopec, JISCO(제철), 화웨이, Lenovo를 들 수 있다.

한동안 유럽이나 미국 기업들은 아프리카 사업환경이 아직 미성숙하며, 다국적 개발은행(MDBs) 등을 통한 자금 공급이 많이 이루어졌고, 외채상환 부담을 겪고 있는 점을 고려하여 추가투자를 망설여 왔다. 이런 와중에 중국이 과감하게 융단폭격식 투자를 감행한 것이다.

그러나 대규모 프로젝트 후 가동율과 수익성 부족으로 현지 경제에 부담을 준다는 주장이 제기되고 있다. 중국계 자본에 의존하여 대규모 투자를 단행한 아프리카 국가들은 더욱 심각한 부채의 덫에서 허덕이고 있는데, 주요 채무국을 모면 앙골라($25B), 에티오피아($7.4B), 케냐($7.4B), 콩고공화국($7.3B) 등을 들 수 있다. 아프리카 국가들은 외채 문제 이외에도 중국이 광물자원 채굴권과 아프리카 토지를 과도하게 차지(7%)하고 있으며 중국 국익과 아프리카의 이해가 충돌할 수 있다는 점도 우려하고 있다.

우리나라가 처음으로 부산에서 BIE 등록 엑스포를 추진했지만, 참패를 당하였다. 그러나 일본은 과거 6번의 엑스포를 개최하였다. 우리가 1988년 서울올림픽을 처음 개최했지만, 일본은 4번이나 개최했다.

이와 같이 일본이 글로벌 메가 이벤트 최강자인 이유가 무엇일까?

일본의 아프리카 외교전략을 보면 알 수 있다.

인도, 중국과 달리 아프리카에 일본 사람은 별로 없다 일본계의 남아공 인구가 1천 명, 나이지리아 인구가 156명이라는 일본 외무성 통계가 있다. 그러나 기업활동을 보면 매우 알차다. 아프리카 개발은행(AfDB) 통계를 보면 아프리카에 일본계 기업이 900여 개사 있으며, 남아공(136), 케냐(40, 기시다 수상 인터뷰에는 100개사라고 했다), 이집트(39), 나이지리아(28), 모로코(28), 탄자니아(26), 가나(13) 등이 주요 진출국이다. 아프리카에서 활동 중인 대표적인 기업은 토요타, 미쓰이, 미쓰비시, 스미토모 등 종합상사들이다. 아프리카 현지 기업들이 일본 기업의 비즈니스 파트너이다.

일본은 이미지 관리에도 많은 노력을 기울이고 있다. 아프리카 인력개발을 위해 현지 직업훈련센터, 아프리카인 일본 초청 교육 프로그램을 운영하고 있으며, 일본 기업들이 케냐 및 아프리카의 대학들과 다양한 공동 프로젝트도 운영하고 있다. 이런 노력 덕분에 아프리카 전력 생산, 송배전 분야 등에서 높은 시장 점유율을 차지하고 있으며, 아프리카에서 일본 자동차의 점유율은 압도적이다. 케냐의 경우 어디를 가나, 차종 불문 일본산이 아닌 차를 찾기 어렵다. 중국인보다 많은 일본 차가 케냐를 누비고 다닌다.

초기 일본의 아프리카 진출은 남아공 플래티넘과 철광석 수입 등 광물자원 분야에서 시작되었다. 나이지리아, 앙골라 등의 석유자원에 관심을 가지면서 투자가 더욱 증가한다. 그리고 1990년대 남아공과 나이지리아를 중심으로 ODA(공적개발원조)를 확대하면서 진출이 급증하였

다. 그리고 1993년 TICAD(Tokyo International Conference on African Development)를 계기로 진출 노력이 배가되었다. TICAD는 3년 주기로 개최되는데, 인력개발 분야에 집중하는 특징이 있다. 이후 인력개발, 기술지원, 보건위생환경 개선에 대한 지원과 함께 농업과 SOC를 중심으로 민간 기업 투자 확대를 위해 노력하였다.

이런 와중에 아베 정권은 2016년 또다시 새로운 변화를 시도한다. 아프리카 53개국 정부를 초청하여 FOIP(Free and Open Indo-Pacific) 비전을 제시하였다. 물론 아프리카 자원개발과 일본의 유엔 상임이사국 지위 확보를 위한 아프리카 국가들의 지지를 노리는 정치적 목적 때문이었지만, 아프리카 정치인들은 매우 만족했다. 일본이 $300억(2016-2018년)을 PPP(민관합작 투자사업) 방식으로 지원한다는 계획을 발표하였기 때문이다. 그리고 동 계획에 따라 보건위생분야의 지원과 SOC 분야에 대한 투자를 확대하였다. 특히 전력 생산, 송배전 분야 프로젝트를 집중적으로 공략하였다.

지역별로는 케냐에서 지열발전소, 몸바사에서 항만 건설 등의 대형 프로젝트를 수행하였다. 그리고 탄자니아의 가스화력발전소, 우간다, 르완다, 부룬디 투자로 이어진다. 민간 분야에서는 마루베니 상사가 서아프리카 라고스, 나이지리아, 짐바브웨 투자를 이어간다.

일본의 진출 노력에 대한 성적표를 보면 케냐 등 주요국의 자동차 시장을 석권하였으며, 안정적 수익율이 유지되는 SOC 분야 진출로 의미 있는 성과를 거둔 것으로 볼 수 있다. 일본은 바닥을 다지는 밀착전략으로 아프리카 54개국의 강한 지지를 받고 있다. 덕분에 엑스포, 올림픽 등 굵직한 행사 관련 국가 간 경쟁에 매우 강하다.

일본 기업들이 아프리카 시장의 중요성을 잘 알고 있고 있으며 더욱 적극적인 진출이 예상된다. 아프리카 투자기업들의 69%가 마케팅과 세일즈 활동을 확대하겠다는 입장이다. 그러나 생산능력 확대를 위한 신규 투자는 21%만이 긍정적인 반응을 보여 경영환경이 만만치 않은 시장임을 느끼게 해 준다.

3 우리나라의 무관심

세계경영을 다시 생각해 본다

Feb 2024

한국의 집중력과 도전정신은 어디로 갔나? 그동안 북미, 남미, 유럽과 CIS 등 세계 어디를 가나 한국의 브랜드와 상품이 자리 잡고 있어 자부심을 느낄 수 있었는데… 아프리카에서는 전혀 존재감이 없어서 매우 당황스러운 느낌이 들었다.

물론, 삼성과 LG전자 등이 확고한 고급브랜드 이미지로 한국의 위신을 지켜주고 있다. 대우건설은 나이지리아에서 플랜트 분야 강한 입지를 가지고 있으며, 탄자니아, 보츠와나 등에서는 우리 건설사가 완공한 멋진 교량을 자랑스럽게 보여주기도 한다. 그러나 다른 분야의 포지션은 탄탄하지 못하다. 일본과 중국에 비하면 매우 초라한 모습이다.

사실 아프리카가 14억의 거대 시장이고 가장 빠르게 성장하는 매우 중요한 차세대 시장이다. 그러나 지역적으로 멀리 떨어져 있고, 문화적 특성이 강하여 접근이 어려운 면이 있다. 더욱이 우리 국민들의 아프리카에 대한 편견과 오해가 심하여 우리 기업의 관심도가 매우 낮고, 향후에도 아프리카 시장 개척 여력이 매우 제한적일 것으로 우려가 된다.

아프리카에 있는 한국인은 약 1만여 명으로 추산할 수 있다. 구글을 검색해 보면 남아공 3,949명, 리비아 964명, 나이지리아 800명, 케냐 726명, 이집트 685명, 가나 614명 등이다. 아프리카 진출 한국기업은 163개사(KOTRA 자료)이다. 북부 아프리카 48개(이집트 24개, 알제리 16개 등), 동부 아프리카 37개(에티오피아 16개, 탄자니아 8개, 케냐 6개 등), 남아프리카공화국 19개, 서부 아프리카 59개(나이지리아 37개, 가나 12개 등)이다.

코로나 사태 이전 통계여서 변동이 있겠지만 큰 변화는 없을 것으로 보인다. 대표적 기업은 삼성, LG전자, 대우건설 외에도 포스코, 삼성물산과 현대종합상사, 현대중공업, 삼성중공업, 석유공사, 가스공사와 한전 등이다.

관심을 가질만한 대목은 나이지리아, 모잠비크 등의 석유·가스(O&G) 관련 사업에 우리 기업이 참여하고 있으며, 동부 아프리카(탄자니아, 에티오피아)에서 ODA를 이용한 도로 건설 등 SOC 사업이 증가하고 있다는 점이다. 그리고 정부에서 EDCF(차관제공)를 통한 진출 기회를 확대하기 위해 SOC프로젝트를 적극 발굴하고 있어 새로운 진출 확대의 계기가 되기를 기대해 본다.

사실, 한국과 아프리카 협력의 역사는 길지 않다. 해방 후 1980년대 중반까지는 유엔 등 국제사회에서 지지를 확보하기 위해 북측과 경쟁하는 구도의 정치적 외교가 중심이었다.

특이하게 1974년 한국 파라다이스 호텔의 케냐 사파리파크 호텔 인수 사례(한국식당이 케냐에 확산하는 계기)가 있지만… 본격적인 아프리카 진출은 대우의 세계경영에서 시작된다. 국교도 수립되기 전인 1978년 북아프리카 아랍국가인 리비아에 진출하여 물꼬를 텄다. 이어 동아의 대수로 사업 등 진출이 본격화되었다. 1970-1980년대 중반 리비아 진출인력이 10만 명, 이들 중의 일부가 이집트, 수단과 여타 지역으로 확산된다.

그리고 나이지리아에 진출해(1978년) 70여 개 프로젝트를 수행한 대우건설과 현대중공업 덕분에 건설 엔지니어들의 아프리카 정착이 시작되었다. 88올림픽 개최권을

획득한 것도 아프리카 국가들의 지지가 큰 역할을 한 것이 알려지면서 국민적 관심을 받기도 했다. 그러나 대우가 해체되면서(1999년) 민간 분야 동력이 급격히 약화되었다.

2000년대 정부의 아프리카 지원 정책이 강화되면서 기업진출 움직임이 재개되었다. 2005년 AU(Africa Union)에 옵서버로 참가하고, 2006년 노무현 대통령의 아프리카 3개국 방문을 계기로 한 아프리카 포럼을 시작, 나름 협력체계도 정비되었다. KOICA를 통해서는 직업훈련 등 인력개발과 의료분야 지원을 확대하고, KOPIA를 통한 농업기술 지도 등 사업 영역을 다양화하고 있다. 그러나 아프리카 개발을 지원하기 위한 아프리카 포럼이 3-5년 주기로 계속되어 왔지만, 2022년 5차 포럼에서 코로나 대응지원 방안을 발표하는 수준으로 주목을 받기에는 크게 부족한 수준이다.

다행히 최근 ODA 규모가 확대되면서 아프리카의 다양한 프로젝트에 우리 기업이 참여할 기회가 늘어나고 있다. 케냐가 공을 들이고 있는 신도시인 콘자에서는 도로 확장, KAIST 설립(과학기술 인력 양성), DMC(디지털 미디어 시티) 건설에 착수하였으며, 신재생에너지와 스마트 팜 프로젝트도 추진 중이다. 탄자니아에서는 도로, 철도, 항만 프로젝트에 참여 중이다.

2024년에는 처음으로 아프리카 특별정상회의를 준비하고 있으며, 아프리카 국가들과의 FTA 추진 계획도 밝혀 귀추가 주목된다. 일본이 ODA 자금을 획기적으로 확대하고, PPP 등 진출방식을 다양화하면서 대형 프로젝트에 적극 진출한 점을 참고할 필요가 있다. 우리도 민간투자의 마중물 역할을 할 수 있도록 ODA 레버리지 전략이 필요하다. 14억 인구의 엄청난 잠재력을 가진 시장이지만, 문화와 관습이 다르고 잠재 리스크가 많은(투명성 부족 등) 특성 때문에 민간기업의 독자적 진출이 어려운 시장이기 때문이다.

Ⅱ

세계 최고의 체험관광 명소

Ⅱ

세계 최고의 체험관광 명소

1 문화 유적과의 대화

1 인류 문화의 뿌리, 고대, 중세 유적

세계 4대 문명 발상지라는 표현이 적절할까? 남아 있는 유적을 보면 이집트의 유적, 문명과 기술이 탁월해 다른 어떤 지역과도 비교가 불가능하다. 철제도구 하나 없는 시대에 어떻게 이렇게 웅장하고 정밀한 건축을 할 수 있었는지 도저히 믿기지가 않는다. 현생인류가 아프리카에서 출현했다는 주장에 수긍이 가게 하는 측면이기도 하다. 아프리카의 놀라운 유적지로는 이집트의 테베(룩소르), 리비아의 Leptis Magna(로마 시기 도시), 수단 Moroe(누비아 피라미드 유적지), 짐바브웨 Great Zimbabwe, 말리의 Timbuktu 등을 거론하지만, 단연 이집트가 압권이다.

피라미드는 수수께끼 상자이다

Mar 2024

왜, 거대한 피라미드를 건설했을까? 피라미드가 파라오 무덤이라고 하지만... 천문대, 해시계, 심지어 에너지 생성과 저장고라는 주장도 있다. 분명한 것은 단순한 무덤이 아니다. 신전이기도 하고 축제를 위한 시설, 내세를 위한 생활공간 등 다양한 복합 기능을 가지고 있다.

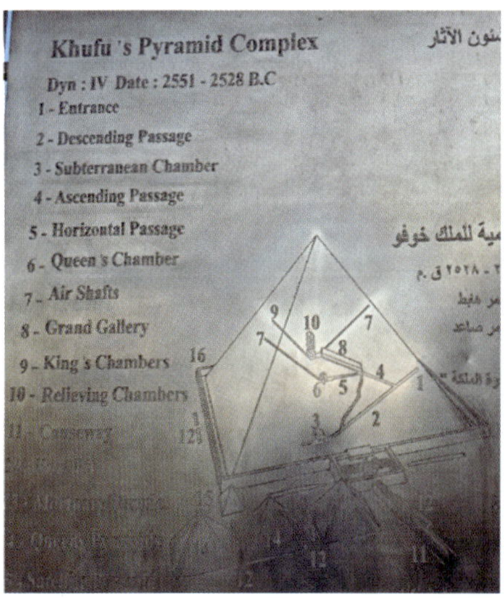
Khufu 's Pyramid Complex
Dyn : IV Date : 2551 - 2528 B.C
1 - Entrance
2 - Descending Passage
3 - Subterranean Chamber
4 - Ascending Passage
5 - Horizontal Passage
6 - Queen 's Chamber
7 - Air Shafts
8 - Grand Gallery
9 - King 's Chambers
10 - Relieving Chambers

기자에 있는 대피라미드(p.70 사진 1열)는 고왕국 4왕조, 쿠푸왕 때인 BC 2,560(청동기 시대) 건설되었다. 돌로 돌을 자르는 시대였다는데, 어떻게 어마어마한 양의 돌을 깎고, 정밀한 건축물을 쌓아 올렸을까? 많은 지진과 풍파를 겪으며 매끄럽게 쌓았던 외벽이 무너졌지만 본체는 아직도 여전하다. 평균 무게 2.5톤 육면체 블록 230만 개를 쌓아 만들었다. 대부분 석회석이지만, 내부의 일부 시설에는 화강암을 이용하였다. 높이 146.6m, 기단부 사각형 밑변은 230m, 밑면 둘레와 높이 비율이 원주율 파이(3.14) x 2, 기울기 51도의 사각뿔 모양이며, 각 면은 정확히 동서남북을 가리키고 있다. 피라미드 관광객의 입장에서 보면 피라미드의 매력은 끝없는 SECRET이다. 아무리 까도 양파처럼 의문이 끝없이 이어진다. 현대의 지식으로도 이해를 할 수 없으니, 외계인이 만들었다고 주장하기도 한다.

외부에서는 보이지 않지만 내부에는 다양한 형태의 공간이 있다(2, 3열 우측). 피라미드 입구가 보이지만, 봉쇄되어 있어 아랍인들이 입구 아래 다른 구멍을 파고 들어갔다(2열 좌측).

내부에는 왕의 방, 왕비의 방 그리고 기반암에 있는 방 등 3개의 방을 연결하는 통로(3열 좌측)와 샤프트 등의 공간도 있다. 과학자들이 전자파, 레이더 등 첨단 기술을 동원, 조사하고 있지만 아직 정확한 내부의 구조와 목적, 용도를 알 수 없다.

의문은 끝이 없다. 철제도구 하나 없는 석기시대에 어디서 엄청난 돌을 채석하고 어떻게 운반하고 쌓았는지 아직도 논란이 분분하다. 모래 언덕을 쌓으면서 돌을 밀어 올렸다고 주장하지만, 그러면 정밀한 내부 구조의 모양을 어떻게 맞추었는지 설명이 안 된다. 쿠푸왕 이외에도 카프레, 멘카우레 등 3대 대형 피라미드가 있는데, 오리온 별자리에 따라 위치를 선정하여 또 다른 의문이 생긴다.

세계 최초의 석조건축물, 계단식 피라미드

사실 최초의 피라미드는 고왕국 3왕조 때 사카라에 건설한(BC 2667) 조세르왕의 계단식 피라미드다(p.72 사진 1열 좌측). 높이 60m(20층), 길이 동서 121m, 남북 109m인 세계 최초 석조건축물이다. 그리고 피라미드를 남북 545m, 동서 277m, 높이 10m의 붉은 석회석 담벽으로 둘러 쌓았다. 지금도 견고한 성과 같은 동남쪽 석조 문(1, 2열 우측)이 남아 있다. 피라미드 앞 140m 마당의 동편과 서편을 따라 신전과 구조물들(2열 좌측)이 있는데, 피라미드 앞의 마당은 왕권의 신성을 강화하기 위한 세드 축제가 열

린 곳이다. 축제 때에는 파라오가 신관과 백성들 앞에서 달리기 등의 활동을 통해 건재한 체력을 과시한다.

시카라에는 조세르 이외에도 많은 소규모 피라미드들이 있고, 내부에는 미이라 안치 석관과 다양한 기록을 벽에 남겼다. 피라미드 이전의 무덤은 땅을 파고 파라오의 미이라를 묻은 후 단층 사각으로 돌을 쌓는 마스타바였는데, 조세르 때에 6층으로 쌓아 올리면서 획기적인 변화가 있었다. 이후 멀리 보이는 피라미드처럼 삼각형의 형태로 발전하였다. 당초 54도로 쌓아 올리다가, 무슨 사유로 갑자기 43도로 줄여서 급하게 마무리한 굴절 피라미드 그리고 붉은 피라미드 등 100년 이상에 걸쳐 많은 시행착오를 겪으면서 쿠푸왕의 대피라미드가 탄생하였다.

거대 석회암산이 피라미드

신왕국에서는 피라미드처럼 생긴 석회암산에 굴을 깊이 파고 미이라를 안치, 피라미드를 대신하게 된다.

왜 이런 변화가 생겼을까? 피라미드 건설에 드는 막대한 비용을 절감하기 위해서 또는 도저히 막을 수 없는 미이라 도굴범들을 피해서 등의 추측이 있을 뿐이다.

피라미드 모양의 석회암 산을 선정하고(1열 좌측) 각기 다른 지역과 방향으로 긴 굴(1열 우측)을 파고 들어 가서 전실, 현실, 후실 등 매장시설을 만들었다. 입구에서 미이라가 안치된 현실에 가는 긴 터널에 사자의 서에 나오는 이야기에 기반하여 전개되는 많은 장식과 그림이 이어진다. 현실 등에는 엄청난 부장품과 미이라가 묻혀 있었다. 그러나 왕의 무덤에 있는 미이라와 부장품이 모두 도난을 당했다. 그럼에도 아직 남아 있는 4천 년의 화려한 그림과 스토리들이 많은 상상의 나래를 펼치게 해 준다.

유일하게 투탕카멘의 무덤이 거의 온전한 형태로 발굴되었는데, 쏟아진 유물이 세상을 놀라게 했다. 황금으로 만든 미이라 가면과 유물의 화려함, 정교함은 가히 충

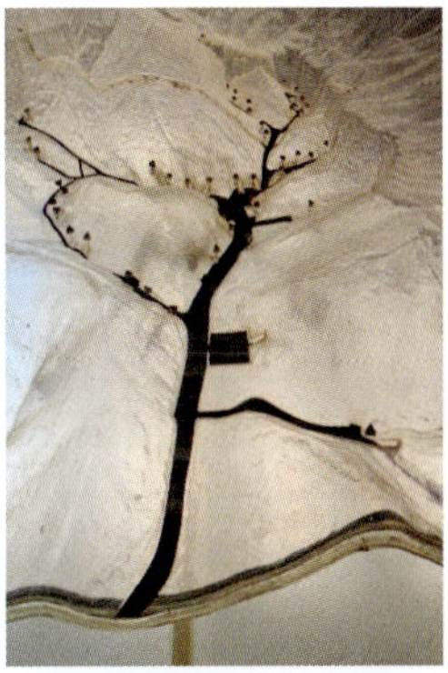

격적이다. 그러나 이집트 국립박물관에 소장된 정교하고 멋진 부장품은 촬영이 금지되어 있어 현재는 아쉬움이 크다. 무덤의 현실에 황금 옷을 입은 입상이 있는데, 투탕카멘의 모습으로 추정하고 있다. 황금의자를 비롯하여 목걸이 등 황금 장신구들의 화려함과 독특한 디자인은 현대 유명 디자이너의 감각을 넘어서는 탁월한 수준이다.

신왕조시대는 피라미드 대신 카르낙 신전 등의 건축에 몰입하여 웅장한 건축과 돌 다듬는 기술을 더욱 발전시켰다.

샤자프 아나흐가 스핑크스가 된 사연

Mar 2025

이집트 3왕조 카프레의 피라미드 앞에 사자의 몸에 사람의 머리를 한 거대 석상이 버티고 있다. 길이 73m, 높이 20m인데, 최초의 스핑크스(BC 2575)이며, 정확히 동쪽을 바라보고 있다. 고대 이집트인들은 "살아 있는 왕을 닮은 형상"이라는 의미의 샤자프 아나흐라 불렀다. 호루스의 상징물이며 왕권의 상징, 수호자로 여겨졌다.

신왕조시대에는 다양화된 형태의 스핑크스가 발견되고 있다. 람세스 2세의 스핑크스(p.75 사진 1열 우측 상)와 하셉투스의 스핑크스(1열 우측 하)가 멤피스에 있다. 신왕국 시대 스핑크스는 르마키스신(지평선상의 호루스)으로 숭배되었는데, 사자의 몸에 숫양

의 머리를 한 스핑크스가 등장한다. 숫양 스핑크스는 아문신을 형상화한 것이며 신권을 상징한다. 이렇게 스핑크스는 시대에 따라 형태와 역할이 변하여 왔다.

카르나크 신전 탑문 앞(2열 좌측)과 카르나크에서 룩소르 신전으로 이어지는 3km 스핑크스의 길(2열 우측)에도 스핑크스가 장엄하게 도열해 있어 웅장한 분위기를 자아낸다. 스핑크스의 길은 오페트(opet) 축제에 이용한다.

그리스 상인들이 그리스 전설에 나오는 스핑크스(그리스어로 괴물)라는 이름으로 부르기 시작했는데, 이집트가 그리스 식민지 시기를 거칠 때 이름이 스핑크스로 고착되었다. 심지어 스핑크스의 이미지를 묘지기로 바꾸었다.

의술 기록이 풍부한 콤옴보 신전…

이집트 신전의 기록을 보면 믿어지지 않는(Believe it or not) 경우가 많다.

아스완 소재 콤옴보 신전에 있는 벽화의 기록을 보면, 우선, 외과 수술도구를 일목요연하게 설명하고 있다(1, 2열 좌측). 믿기 어렵지만 의학의 신 임호테프의 의술 관련 기록인 Ebers Papyrus(BC 1,500) 등 많은 연관 기록을 보면 과장이 아니다. 그리고 정력 지수가 5에서 7로 증가한다는 고대판 비아그라 광고(2열 중간)까지 있다. 또한 나일강 물 수위에 따라 세금을 결정하였으므로 강물 수위 측정장치도 활용하였다(1열 우측).

콤옴보는 매우 웅장한 신전이며 이집트 신전을 그리스(프톨레마이오스) 시기에 증축한 신전이다. 호루스(대부분 이집트 지역에서 주신이며, 사람의 머리를 매로 나타낸다)와 소벡(악어머리로 나타내는 신이며, 이쪽 지역에 한정된 신)에 봉헌된 신전이며, 완벽한 대칭형의 구조로 유명하다.

화장품 제조법을 전하는 에드푸 신전

가이드의 설명에 따르면, 나폴레옹 원정 때 프랑스가 에드푸 신전의 화장품 제법을 베껴 가서 세계 최대 화장품 강국이 되었다고 설명하는데…, 프랑스 로레알은 지금도 고대 이집트 화장품을 연구한다. 그리고 구글 등을 통해서 조사를 해 보면, 고대 이집트인은 화장품과 향수를 종교, 건강의 관점에서 많이 사용했고 풍부한 레시피 기록이 남아 있다. 예를 들면, 1) 타임과 라벤더 오일을 스킨케어용으로(BC 1,000) 2) 아몬드, 모링가, castor 오일도 스킨케어에 사용했다. 3) 클레오파트라는 덩키 밀크와 알로에 베라를 스킨용으로 4) 눈화장 원료로 Kohl(다수 식물을 섞어 태운 가루), 볼과 입술, 화장품 원료는 헤나를 사용했다. 그리고 Chemistry가 Kemet(이집트의 고어 국명)에서 유래했다는 설도 있어 신빙성을 뒷받침하고 있다.

에드푸 신전은 프톨레마이오스왕조 시기 건설하였으며 가장 잘 보존된 신전이다. 탑문의 규모(1열 좌측)가 유명하며, 오픈광장의 규모도 매우 웅장(2열 좌측)하다.

이집트의 주신인 호루스와 가장 인기 있는 신인 헤토르에 봉헌된 신전이며, 호루스를 위한 페스티벌 중심지이다. 신전 벽화에 호루스와 세스의 대결(1열 우측)을 포함

한 신화와 향수 제조 레시피(p.77 사진 2열 우측) 등 많은 정보들이 남아 있다.

대부분 벽화에 등장하는 이집트의 신

주신은 라(태양신)이며, 오벨리스크는 라에 바친 구조물이다.

- 하늘여신 누트 + 땅의 신 게브가 부부이며, 자손은 오시리스와 세트 두 아들, 이시스와 네프티스 두 딸이다.
- 이집트 주신 호루스는 아버지 오시리스를 죽인 삼촌 세트를 물리치고 등극하는데, 부인이 헤토르 여신이다.
- 이외에도 많은 신이 있고, 이미지와 역할이 다양하며 이합집산까지 일어난다. 신들이 가진 고유의 성격, 서로의 사랑과 증오를 보면, 일리아드에 나타난, 인간의 감정을 가진 신들의 모습과 유사하다. 그리스는 이집트 신화를 모방한 것일까? 그리스 신화는 로마신화로 이어지니, 신화의 뿌리는 이집트로 볼 수 있다.

카르나크 신전이 보여주는 고대 이집트 신화의 위력

Mar 2023

카르나크 대신전은 전무후무 세계 최대의 종교시설이다. 유럽의 대성당보다 3천 년 앞서 지어졌지만, 규모는 유럽의 어느 인공시설보다도 몇 차원이 높은 수준이다. 지난 4천 년간 지진과 나일강의 범람 그리고 사막의 모래바람 등 강력한 자연의 파괴력에 끝없이 시달려 왔고 로마의 신전 철폐령과 무슬림의 이교도 시설 파괴 획책을 겪으면서 겨우 10%만 살아 남았다. 이제서야 발굴 복원 작업 중이라는 데도 엄청난 규모이다.

신왕국시대에는 죽은 자를 위한 나일강 서쪽의 피라미드 건설보다는 살아 있는 사람들의 생활 공간인 나일강 동안에 거대 신전을 건축하였다. 카르나크 신전과 룩소르 신전이 대표적인 신전이다. 카르나크는 룩소르의 주신인 아멘신과 그의 부인 무트여신 그리고 아들 콘수신에게 바쳐진 신전으로 유명하다.

신전의 동서를 축으로 하는 지역이 아멘신의 영역이다. 제1탑문(p.79 사진 1열)과 마당(2열 좌측), 제2탑문을 지나면 대열주실(2열 중간)이 있다. 폭 53m, 길이 100m의 공간에 높이 약 23m의 석주 134개가 늘어선 웅장한 구조이다. 아멘호테프 3세, 람세스 2세가 주로 건립하였다고 한다. 제3탑문을 지나면 투트모세 1세와 하트셰프수트가 세운 오벨리스크(2열 우측)와 안마당이 있다.

아멘신 영역의 북쪽으로는 멘투와 프타 신전, 남쪽에는 콘수와 오페트신전 등 다른 신을 모시는 신전이 있어 매우 복잡한 구조(p.80 사진 1열)를 하고 있다.

그리고 신전의 탑문을 포함하여 각 영역에는 많은 기념비와 조각상들이 늘어서 있다(2열 좌측). 그리고 제4, 5, 6탑문을 지나면 투트모스 3세가 건립한 지성소(2열 우측)가 있는데, 지성소 뒤에는 중앙 안마당과 투트모스 3세 축제전이 있다.

남북의 축은 오벨리스크 부분에서 시작되는데, 하셉투스가 건립한 제7탑문을 시작으로 8, 9, 10탑문으로 이어진다. 아몬신과 무트신의 결혼을 재현하는 행사인 오페트 축제 때는 제7탑문에서 시작하여 제 8, 9, 10탑문을 거쳐 스핑크스의 길을 따라 3km를 가면 나타나는 룩소르 신전으로 행사가 이어진다.

카르나크 신전은 기원전 2000년부터 건립되기 시작했지만, 역대 왕들이 증축과 개축을 이어 왔다. 현재의 신전은 신왕국시대부터 1500년 뒤인 프톨레마이오스 왕조에 이르는 긴 시간에 걸쳐 건립한 것이다. 특히 아멘호테프 3세, 람세스 2세 등 신왕

조의 파라오들이 심혈을 기울였는데, 람세스 2세는 자신의 업적을 기리기 위해 수많은 기념비들을 세웠다.

모래에서 건져낸 룩소르 신전

카르나크와 룩소르 신전은 고대 이집트 신왕국(BC 1550-1077) 시절을 중심으로 2000여 년간 건설하여 웅장한 규모를 자랑한다. 룩소르 신전의 위엄은 람세스 2세가 건립한 거대한 탑문과 오벨리스크(p.81 사진 1열)에서 느낄 수 있다. 건립 당시 좌우 2개의 오벨리스크가 있었는데, 한 개의 오벨리스크는 지금 파리의 콩코드 광장에서 자동

차 매연에 시달리고 있다. 람세스 2세는 신전 입구에 탑문을 세우고, 마당 뒤편에도 자신의 거대한 조각상과 함께 탑문(2열 좌측)을 세웠다. 그러나 뒤편으로 이어지는 열주실과 대중정, 지성소 등 신전 대부분의 시설은 아멘호테프 3세 때 건설한 것이다.

이렇게 웅장한 룩소르 신전도 오랜 기간 버림을 받으면서 파괴가 진행되었다. 나일강 범람과 모래바람 등에 묻혀 첨탑 등 시설 최상단의 끝부분만 남았다고 한다. 현재 룩소르 신전 내에 있는 모스크(2열 우측)를 보면 알 수 있다. 모스크를 평지의 모래언덕 위에 지었는데, 룩소르 신전 발굴을 위해 모래를 걷어내고 보니, 열주 기둥과 같은 신전 시설 위에 올라 앉은 모스크가 되었다.

룩소르 신전은 무트(아문의 부인)를 모시는 신전인데, 왕권 강화를 위해 건설하였다

(파라오 즉위식 장소라는 주장도 있다). 아멘호테프 3세(BC 1400) 시기 건설한 것으로 추정되며, 람세스 2세가 기존 시설의 앞쪽으로 탑문 등을 건설, 증축하였고 투탕카멘 등 다른 파라오들도 자신들의 입상을 세우는 등 기여를 하였다.

웅장한 위용을 자랑하는 열주실과 넓은 마당 형태의 대중정(1열)을 거쳐 지성소로 들어가게 된다(2열 좌측).

오페트 축제 때에는 카르나크 신전에서 스핑크스가 도열해 있는 3km의 신성한 길을 거쳐 룩소르 신전으로 오게 되는데, 이때 아멘신상을 배에 태우고(2열 우측) 신관들이 이를 들어 이동한다. 고대 이집트의 교통수단이 나일강에 의존했음을 상징적으로 보여준다.

지성소 영역에는 기독교도인 콥트정교에서 사용한 흔적이 있지만 이후 완전히 버려지고, 나일강 범람 등으로 모래에 파묻혀 있었으며 신전의 외벽에 기대어 하층민들이 주거지를 짓고 살기도 했다.

장제전, 생과 사의 연결 고리

고대 이집트에서는 파라오가 즉위하면 장제전부터 짓기 시작했다고 하는데…

장제전의 의미를 단순하게 해석해 보면 파라오가 죽음을 맞이했을 때 장례를 지내기 위한 시설이다. 그러나 장제전이 다양한 신을 모시는 신전 기능을 가지고 있었으며, 파라오가 의식에 참여하기 위해 머물렀던 신전 내 왕궁이기도 했다. 이뿐만 아니라 파라오의 여러 가지 업적을 기록한 기념신전이기도 하다.

건축왕이라고 불릴 만큼 다양하고 웅장한 건축물을 남긴 람세스 2세의 라메세움이 이러한 복합적인 모습을 가장 잘 보여주는 대형 장제전이었다. 그러나 나일강 범람으로 모두 파괴되어 흔적만 남아 있다.

이에 비해 많은 부분이 파괴되었지만, 하셉투스의 장제전이 남아 있어 당시의 다양한 정보를 전해주고 있다. 하셉투스 장제전은 높이가 다른 세 개의 테라스로 구성된 건축물(p.83 사진 1열 좌측)이다. 2층 테라스의 남쪽 열주실 벽면에 푼트와의 교역을 그린 그림(2열 좌측)이 남아 있어 중요한 역사적 가치가 있다. 북쪽 열주실 벽면에는 하토르 여신과 하셉투스가 그려져 있는데, 신과 교감하는 파라오의 통치력을 강조하고 있다. 그리고 2층 테라스 남쪽편에 하토르 여신(2열 중간)을 위한 별도의 신전을 만들어 하토르 여신과의 일체감을 강조하고 있다. 3층 테라스에는 장례사원과 함께 아문신을 모신 태양사원 지성소(2열 우측)가 있다.

람세스 2세와 함께 고대 이집트의 전성기를 이끌고 많은 기념 건축물을 남긴 아멘호테프 3세의 장제전도 지진으로 모두 무너졌다. 현재는 높이 18m 거상만이(1열 우측) 남아 있다. 거상의 형태도 많이 손상되어 형태를 알아보기 힘들다. 그리스인들은 이 거상을 멤논거상(그리스 신화에 등장하는...)이라고 개명까지 하였다.

2 근대 세계사의 변곡점

근대사의 시작을 알린 희망봉

Sept 2023

이슬람은 이집트 수에즈와 홍해 등 유럽의 아시아로 가는 길목을 차지 함으로써 무역을 장악하였고 막대한 통행세를 받으면서 경제적 번영을 누렸다. 이를 극복하기 위한 유럽의 몸부림이 아프리카의 남단을 돌아 아시아로 가는 희망봉의 발견이다. 희망봉을 거쳐 인도와 향신료 제도와 유럽이 무역을 하면서 근대화가 시작되었으니 정말 역사적인 사건이다.

20-30만톤의 화물선이 돌아다니는 지금의 시각에서 보면 가소로운 바닷길이지만, 바르톨로메우 디아스가 겨우 50톤 캐러벨 범선 2척과 보급선을 이끌고 포르투갈에서 미지의 세계인 아프리카 최남단까지 항해하는 것은 큰 모험이었다. 그가 희망

봉에 접근할 때 강풍으로 죽을 고생을 하다가… 대륙 남단의 곶(희망봉)을 돌아서면 있는 조그만 비치(디아즈 비치)에 배를 정박한 덕분에 살아남을 수 있었다. 그래서 디아스는 희망봉을 폭풍의 곶으로 불렀는데(1488년), 포르투갈 왕인 주앙 2세가 후에 희망봉으로 개명하였다.

희망봉이 있는 케이프 반도지역은 기상 이변이 많은 곳이다. 인도양의 따뜻한 바람과 대서양의 차가운 바람이 만나 순식간에 바다안개(해무)에 휩싸이는데, 케이프 반도 전역에서 수시로 커다란 해무 덩어리가 밀려다니는 것을 볼 수 있다. 더욱 당황스러운 것은 모든 시야를 막고 있던 해무가 이내 강한 바다 바람에 밀려 사라진다. 이와 같이 급격하게 변화하는 기상 때문에 범선을 타고 항해하던 포르투갈인들이 매우 당황했을 것 같기도 하다. 희망봉은 케이프 반도(케이프타운에서 바다로 튀어나온 75km 반도) 끝자락에 있는데, 당시 포르투갈인들은 아프리카 최남단의 곶(Cape), 대서양과 인도양이 만나는 곳으로 생각했다. 그러나 사실은 희망봉보다 남동쪽으로 살짝 더 내려온 아굴라스 곶이 최남단이다.

후에 포르투갈 탐험가인 바스코 다가마는 희망봉을 거처 인도까지 가는 항로를

개척했고(1497년), 스페인과 네덜란드 그리고 영국과 프랑스 등이 대양무역에 가세한 덕분에 유럽이 세계무역의 중심지로 성장한 것이다.

케이프 포인트(희망봉 뒤의 높은 산, 대서양과 인도양이 내려다보인다)에서 보면 희망봉은 나지막한 언덕이고 디아즈 비치는 조그만 백사장이다. 거창했던 역사와 너무나 대비되어 허탈한 느낌이 들지만 당시의 역사를 말해 주는 듯 디아스와 다가마의 기념비가 바닷가에 우뚝 서있다.

2 야생과 놀아 보기

1 사바나와 산악까지, 사파리 천국

세계 어느 곳에서도 느낄 수 없는 아프리카만의 매력은 단연 사파리 관광이다. 원시부터의 초목과 자연이 남아 있는 지역에 사자와 표범 등 포식자와 코끼리, 버팔로,

기린, 얼룩말과 누 떼 그리고 임팔라, 가젤과 같은 작은 초식동물과 습지에서 살아가는 새들을 보면서 자연의 섭리와 신비로움을 만끽할 수 있다.

아프리카에 다양한 사파리 관광지가 있는데… 〈The Times〉 선정 사파리 명소를 보면, 보츠와나 Okavango Delta, 케냐 Masai Mara, 탄자니아 Ngorongoro Crater, 우간다 Queen Elizabeth 국립공원, 짐바브웨 Hwange 국립공원 등인데, 압도적으로 많은 관광객이 찾는 곳은 마사이 마라이다. 8-9월에 마사이 마라를 찾은 사람들의 공통된 코멘트는 "마사이 마라 방문은 여행의 끝판왕"이다.

마사이 마라, 야생도 아는 만큼 보인다!

Sept 2023

엄청난 기대를 안고 시작한 사파리 관광은 마사이 마라에서 새벽을 맞으면서 시작되었다. 어둠을 가르고 태양이 떠오르면 광활한 대지가 나타난다. 눈길이 따라가지 못하는 끝없는 초지, 허벅지 높이의 붉은 귀리(Red oat grass)가 천지를 뒤덮고 있다. 야생의 생명수 역할을 하는 초지의 웅덩이 곳곳에 새들이 옹기종기 모여 있다.

대초원을 따라 희귀목인 마사이 마라 트리, 아카시아 나무가 점점이 흩어져 있다.

이런 나무들은 코끼리가 등으로 문질러 부러지는 등 혹사를 당하기도 한다. 넓은 구역을 따라 나지막한 언덕과 구릉이 이어진다. 습기를 머금은 언덕에는 Croton, 덤불이 자란다. 마사이 마라에서 빅토리아 호수로 흘러드는 마라 강과 그 지류들이 뻗어 있는데, 강과 수로에는 숲이 띠처럼 뻗어 있다.

웅장한 대자연을 붉게 물들이는 일몰은 신비감을 자아 내기에 충분하다.

마사이 마라는 빅토리아 호수와 리프트 밸리 사이에 있는 해발 1,588m 사바나 초지이며, 탄자니아의 세렝게티와 연결된 광역생태계이다. 마사이 마라 면적(1,510 km^2)은 제주도와 비슷하고 세렝게티(14,763km^2)는 충청북도의 2배 규모이다. 광대한 초지에 태초의 원시적 먹이 사슬이 이어지고 있다.

여기는 마사이족 삶의 터전이다. 과거 사자를 사냥하던 이들이 이제는 야생 보호에 집중하고 있다. 이들의 원시적 삶과 랜드 크루저, 풍선기구, 비행기 등 현대적인 모습은 너무 대조적이다.

과거부터 모험심 강한 많은 명사들이 마사이 마라를 많이 찾았는데, 기계문명의 발전으로 다양한 관광 수단이 등장, 분위기를 어색하게 하기도 한다. 마사이 마

라는 유명세 덕분에 영화를 통해서도 자주 소개된다. Lion king, Out of Africa, The white Masai warrior…

원초적 야생 생태계의 현장

Sept 2023

야생의 모습을 보면서 떠오른 말이 있다.

"생은 고(苦)일까?" 생은 살만한 가치가 있다고 하는데… 야생에게도 오욕칠정이 있을까?

초식이들은 살아남기 위해 싱싱한 풀을 찾아 평생을 떠돌며 힘들게 살아간다. 본능적으로 생을 추구하는 것이다. 사자와 같은 포식자들이 호시탐탐 노리기 때문에 초식이는 큰 무리를 이루며 살고 있다. 생명을 빼앗아야 하는 사자의 사냥도 만만치

는 않다. 포위망을 치고 접근하면서 무리의 틈에서 튀어나온 낙오자를 노린다. 새벽녘 광야에서 쫓고 쫓기는 야생의 모습은 영화에 자주 등장하지만, 마사이 마라에서의 체험은 더욱 특별하다.

사파리에서는 사바나의 왕으로 군림하는 사자의 갖가지 모습처럼 동물들의 특이한 습관도 볼 수 있다. 귀하게 볼 수 있는 장면은 사랑을 나누고, 사냥과 식사를 하는 장면이다. 가장 흔한 모습은 자는 모습이다. 앉아서도, 누워서도 계속 잠만 자는 모습이다. 수컷은 실컷 먹고 잠만 자고(하루 20시간), 암컷이 사냥해서 수컷과 새끼를 먹여 살린다.

사자는 힘이 세고 50-80km 속도로, 100-200m를 주파하지만, 초식동물들도 빨라서 생각보다 사냥이 만만치 않다. 특히 BIG5인 코끼리, 버팔로 무리에 잘못 돌진을 했다가는 사자가 오히려 화를 당하기도 한다.

사자는 수컷 1마리와 암컷, 새끼 등 10-20마리 무리로 모여 산다. 수컷은 성체가 된 후에 가족을 꾸리지 못하면 무리를 떠나 외톨이로 살아 간다. 물론, 가족을 거느리고 있는 수컷을 쫓아내고 가족을 꾸릴 기회를 호시탐탐 노린다. 사자의 이런 습성은 〈라이온 킹〉 영화에도 잘 묘사되어 있다.

동물의 생활 습성은 참으로 신기하다. 체구가 작은 초식이 가젤은 3-8마리가 무리 지어 영역을 지키며 사는데, 영역을 두고 싸우는 모습을 볼 수 있다. 체구 작은 초식이지만 싸우는 자세는 심각하다.

누, 얼룩말, 버팔로 등은 먹이와 물을 찾아 끊임없이 이동을 한다. 특히 누 떼와 얼룩말이 마라 강을 건너, 세렝게티에서 마사이 마라로 넘어오는 이동이 장관이다. 누 120만 마리와 얼룩말 30만 마리가 8월에 몰려와서 10월에 세렝게티로 돌아간다. 세렝게티와 마사이 마라 경계인 마라 강에 사는 악어와 사자, 하이에나 등이 풍부해진 먹이에 호사를 누린다. 그래서 누 떼의 대 이동기인 8-10월에 가장 많은 방문객이

몰린다. 그러나 마사이 마라에는 350종의 야생동물이 다양한 모습으로 살아가고 있어, 어느 시기에 가도 변화무쌍한 생태계를 체험할 수 있다.

암보셀리, 큰 산이 베푸는 생태계

Nov 2023

가왕 조용필의 노래 덕분에 킬리만자로의 표범이 보고 싶었다. 킬리만자로 산이 가장 잘 보인다는 암보셀리로 달려 갔지만, 태산의 장대한 모습을 보기가 쉽지는 않았다. 오후 내내 구름에 숨어 애태우던 큰 산이 다음 날에야 일출의 여명과 함께 웅장한 자태를 드러낸다. 정상 부근을 살펴보지만, 가왕 조용필이 노래하는 얼어 죽은 표범이 보일 리가 없다. 암보셀리는 헤밍웨이 등 많은 명사들이 야생의 매력에 빠져 지내던 곳이기도 하다.

화산 분출로 킬리만자로 산이 생기고, 천지사방 흩어져 마른 토사가 암보셀리인데 하얀 흙이 특징이다. 큰 산 덕에 큰 호수가 생기고 수많은 동식물, 마사이족의 삶이 있다. 연평균 강우량 350mm, 우기와 건기가 뚜렷이 구분되는 전형적인 사바나 지대, 우기(4-6월, 11-12월)는 호수의 물이 범람하여 생명력 넘치는 광활한 조지가 되지

만, 건기에는 하얀 토사가 드러난다. 이 시기 곳곳에서 먼지, 회오리 바람이 동시 다발로 일면서 신기루가 생긴다. 이런 모습을 보면 왜 암보셀리(마사이 말로 '짠 소금 먼지')로 불리는지 이해가 된다.

계절적 변화 덕분에 5가지 지형이 형성된다. 숲, 유황 온천이 있는 습지, 건기에 드러나는 고수부지, 사바나 등… 다양한 환경에 걸맞게 암보셀리에는 300여 수종이 있다. 평지에는 아카시아 나무군, 암벽지역은 덤불 나무군, 주변지역에는 파피루스와 시페루스 등… 대표적인 나무는 아카시아, 멜리아, Croton, 코미포라 등이 있다. 풍부한 식생은 야생동물의 보금자리이다.

빼어난 경치, 다양한 지형, 원시적 자연의 모습이 있어 영화 촬영장으로도 유명하다. 그레고리 펙이 열연한 〈킬리만자로의 눈〉, 〈툼 레이더〉…

공원 주변에 고집스러운 마사이족이 고유문화를 지키며 살고 있다. 소 똥과 흙으로 만든 집에 살고 목축이 생계 수단이다. 맨손으로 사자 꼬리를 잡는다는 마사이 전사가 유명하다. 붉은 흙으로 굳힌 머리와 구슬장식 귀걸이·목걸이, 깡마르고 훤칠한 키에 붉은 색 망토, 긴 막대나 룽구 칼과 창으로 무장하고 있다. 마사이 전사는 가축 보호와 영토 수호의 의무를 감당하고 있으며, 용맹하고 자존심이 강해서 죽을 때까지 투쟁을 하기 때문에 노예가 된 적이 없는 특이한 종족이다. 아낙네 이들 역시 집에서 가축을 키우고 공예품을 만들어 파는 고단한 삶을 살고 있다. 그들의 고단한 삶이 측은해 보이기도 하지만, 고유의 생활양식을 고수하는 모습은 매력적이기도 하다.

야생의 생로 병사와 암보셀리 코끼리

Nov 2023

암보셀리의 가장 큰 매력은 방문 시기마다 전혀 다른 모습을 볼 수 있는 것이다.

우기에 암보셀리를 가면 푸른 초원의 초식이 세상이다.

우기에는 광활한 초지와 숲 덕분에 코끼리와 얼룩말, 기린, 누, 가젤, 임팔라, 원숭이와 바분 그리고 타조 등 초식이들이 지천에 널려 있다. 이들은 엄청난 번식력을 자랑한다. 아무래도 먹잇감이 풍부하여 포식자들도 여유가 있지만, 초식이도 만만치 않다. 넘치는 파워와 스피드로 사자, 표범 등 포식자를 따돌리기 때문이다.

그러나 건기가 다가오면 사정이 완전히 바뀐다. 초식이들의 아사가 시작된다. 또한 굶주림에 맥 빠진 초식이 사냥이 쉬워지고 포식자들은 더욱 여유 있는 삶을 이어 간다.

건기 말기가 되면 물과 풀을 찾아 헤매다 아사한 사체들도 쉽게 볼 수 있다. 이쯤 되면 포식자들도 먹이 걱정을 하지만, 사체를 좋아하는 UGLY5(하이에나, 벌처, 마라부 스토크 등)가 활개를 친다.

그러나 영리한 코끼리는 계절을 초월하는 주인공이다. 암보셀리에서는 갓 태어난 망아지만 한 새끼를 데리고 이동하는 코끼리 가족을 자주 만날 수 있다. 큰 덩치로 포식자 공격을 막아내며, 하루 300kg이나 먹지만 머리가 좋아 계절 불문 먹이를

잘 찾는다. 과일나무, 물이 있는 곳과 길을 기억한다. 고유 언어가 있고 가족 생활을 하는 여유로운 모습이다. 코끼리는 암컷이 새끼와 무리 생활을 하는데 평균 10마리가 한 가족이다. 수컷은 성체가 되면 가족과 헤어져 다른 수컷과 어울리며 자유로운 생활을 한다. 코끼리는 매일 먹이를 찾아 킬리만자로 산자락과 호수를 오가는데, 낮에는 물에서 놀고 진드기 등을 막기 위해 몸에 진흙을 바른다.

코끼리가 자주 찾는 습지에는 물을 좋아하는 귀염둥이 하마, 버팔로도 자주 출몰한다. 호수에는 홍학, 펠리컨, 물새, 물총새 등 다양한 조류가 있다.

암보셀리의 50종 포유류, 400종 조류가 계절에 따라 엇갈리는 희비 속에 생을 이어가고 있다.

높은 산, 깊은 계곡 산악 사파리

Nov 2024

케냐에 무슨 높은 산악지역이 있느냐? 의아해할 수도 있다.

그러나 케냐에는 사바나 지역이 넓지만, 숲이 우거진 산악과 사막화되어 가는 지역 등 다양한 지형이 있다. 그리고 야생의 생활 양식이 서식지에 따라 현저하게 다른 특징도 재미있다.

애버데어 국립공원에 가서 높은 산, 깊은 계곡의 산악 사파리를 경험하는 것은 또 다른 매력이다. 해발 4001m Satima를 주봉으로 하는 웅장한 산세와 〈Out of Africa〉에

등장하는 폭포 등 절경에 우선 매료된다. 높은 산봉우리들이 점점이 이어지는 산세에 흘러가던 구름이 부딪혀 짙은 안개와 비를 뿌리는 모습이 운치가 있다.

폭포도 각기 다양한 모습인데... 높이 273m의 Karuru 폭포는 안개에 싸여 호기심을 더욱 자아낸다. 수량이 풍부한 험산 준령의 넓은 품에 다양한 종류의 나무와 식물 그리고 야생화가 즐비한 것은 자연스러운 모습이다. 높은 산세, 서늘한 날씨와 변화무쌍하면서 풍부한 수량 덕분에 커피를 비롯하여 다양한 농작물의 보금자리이기도 하다.

더욱 흥미로운 것은 울창한 숲속에서 사투를 벌이며 살아가는 동물들이다. 싸늘한 냉기를 싫어하는 사자가 없지만, 코끼리, 버팔로, 임팔라 등... 심지어 사파리 차를 가로막고, 사자 대신 왕 노릇을 하려는 하이에나의 모습까지... 이러니 산행 가이드는 총으로 중무장을 하게 된다.

갈라파고스?
마다가스카르의 생태계에서도 충분하게 느낄 수 있다.

Oct 2024

마다가스카르는 두 가지 특징이 있어 관심을 가지게 된다. 우선 아프리카의 상징인 바오밥 나무를 보는 것이다. 생명의 나무로 불리며 2,100만 년 전 마다가스카르에서 기원하였고 마다가스카르의 심볼이다. 그리고 마다가스카르는 아프리카에 있는 아시아인의 나라이며, 특유의 손재주 덕분에 재미 있는 소품들이 다양하다. 그러나 교통 인프라가 열악하여 체류기간이 길지 않다면 바오밥 나무의 숲을 방문하는 것은 불가능하다.

이곳엔 예상치 못했던 즐거움이 있다. 많은 희귀 동물, 식물을 만날 수 있다. 마다가스카르 섬은 고립된(아프리카 대륙에서 400km 떨어진) 생활환경 때문에 동, 식물의 90%가 외부 세계와 다른 고유종이 사는 특이한 지역이다.

대표적으로 MAKI(말라가시어)가 있다. 세계적으로 가장 많이 알려진 귀염둥이 Lemur이다. Ring tailed lemur라고 하는데, 평균 몸길이 46cm, 꼬리 길이 63cm이고, 꼬리의 흰색, 검은색 원형 고리 무늬가 특징이다. 최고 30마리까지 모여 사는 사회적 동물이다(p.99 사진 1열 좌측). 갈색 여우원숭이(common brown lemur)는 몸 길이 1m 내외, 몸무게 2-3kg이며, 털은 갈색, 회갈색이고 눈은 오렌지색을 띤다(1열 우측). 목도

리 여우원숭이(black-and-white ruffed lemur)는 현존하는 가장 큰 여우원숭이이며, 멸종 위기종이다(2열 좌측). 코쿠렐 시파카(Coquerel's sifaka)는 중간 사이즈 여우원숭이이다. 관시파카(The crowned sifaka)는 몸 길이 50cm 내외이고 마다가스카르의 건조 낙엽성 숲속에 산다(2열 우측). 여우원숭이는 돌출한 주둥이, 긴 꼬리와 큰 눈을 가진 귀여운 동물이며 대부분 숲속에 산다. 5개 과, 15개의 속, 100종으로 분류할 수 있을 정도로 마다가스카르에서는 아주 다양한 모습으로 진화하였는데, 섬 내에서도 기후대와 토질, 식생 등 환경이 달라 다양한 모습으로 진화하였기 때문이다. 흔한 아프리카 원숭이가 마다가스카르에는 한 마리도 없다. Lemur가 원숭이와 함께 원원류에 속하지만 원숭이와 진화 경로가 달라 다른 종이 된 여우원숭이만 있는 것이다.

바오밥 나무는 수령 1400년, 높이 27m에 이르는 거대한 나무인데, 지금도 가장 많은 수종이 마다가스카르에 살고 있나. 해안 도시인 모론디비에 바오밥 거리(p.100

사진 1열 좌측)가 있고 가장 많이 볼 수 있지만, 국제공항이 있는 수도에서 아주 먼 거리에 위치해 있어 접근이 쉽지 않다. 모론다바의 명물인 바오밥 나무 묘목을 수도인 안타나나리보의 농장에 심어 놓았는데, 20년이 지났지만 조그만 막대 같은 모습(1열 우측)이다. 바오밥 나무의 느린 생육을 실감할 수 있다.

여인목(Travelers tree, 2열 좌측)은 7m까지 자라는데, 잎에 고인 물을 얻을 수 있고, 잎이 동서 방향으로 자라 나침반 기능이 있다. 덕분에 여행자의 나무라는 이름을 얻었다. 이 나무도 마다가스카르 고유종이다.

대나무(Madagascar giant Bamboo) 중에서 마다가스카르 고유종은 높이 15-22m, 줄기 지름 8-22cm까지 자라는 거구이며, 대나무 잎을 먹고 사는 lemur도 다수 있다.

2 아프리카스러운 물놀이

초베강 야생과 눈싸움 이야기

June 2024

눈은 마음의 창이라고 하는데… 야생동물들은 어떨까?

사파리 여행 중에 이들의 눈동자에 집중해 보았다.

코끼리와 코를 맞대고 눈을 보니, 이들의 천진한 성격이 느껴진다. 물속에 잠겨 눈과 귀를 내밀고 있는 하마를 보니 졸려 하는 눈길이다. 야행성이라 이런 모습일까? 먹이를 먹고 있는 임팔라와 버팔로를 보면 식사 중에도 경계의 눈빛이 뚜렷하다. 훤칠한 키의 기린은 식사 중의 표정도 아주 무덤덤하다. 체온 유지를 위해 뭍에 올라와 입을 벌리고 있는 악어가 있다. 손이 닿을 듯 가까운 거리에 접근하니 눈망울이 뚜렷하게 보인다. 아무런 동요가 없다. 눈을 뜨고 잠을 자고 있는 듯하다.

바로 초베 국립공원의 모습인데, 초베강과 야생의 녹음이 잘 어우러진 멋진 곳이다. 강을 따라 이동하는 수상 보트 사파리와 육상 차량 사파리가 모두 가능한데, 조용히 접근하는 보트 덕분에 야생의 코끝까지 접근하여 하마, 악어, 물을 좋아하는 코끼리, 많은 조류들의 숨소리까지 느껴 볼 수 있다.

국립공원의 중심인 초베강 삼각주에는 먹이가 풍부하여, 수많은 버팔로, 하마와 코끼리가 서식하고, 악어와 다양한 조류가 생식하는 보금자리다. 초베강의 수위가 우기와 건기에 따라 크게 변하는데, 건기에는 삼각주가 초식이의 보금자리이지만, 우기에 수몰이 되면 섬에 살던 초식이들이 육지로 이동하면서 포식자의 타깃으로 변한다.

초베강변의 언덕을 따라 육상으로 이동하면서 푸른 강의 매력을 느껴 보는 것도 운치가 있다. 우선 굽이굽이 흐르는 강과 다양한 조류가 한눈에 들어오는 매력이 있기 때문이다. 올망졸망 이어지는 언덕에서는 BIG5(코끼리, 사자, 코뿔소, 버팔로와 표범)를 볼 수 있다고 하는데... 사자와 코뿔소는 밀렵꾼 등쌀에 거의 자취를 감춘 상태다. 특이한 것은 10만 마리가 넘는 코끼리 천국이다. 짧은 엄니가 특징인 칼라하리 코끼리들인데, 1900년대 몇천 마리까지 개체가 감소했지만, 적극적인 보호 노력 덕분에 이제 10만 마리까지 불어 났다. 최근 코끼리로 인한 주민 피해가 급증하면서 개체 수 조정의 필요성까지 거론되고 있다.

초베강은 앙골라 중앙고원에서 발원, 잠비아 국경을 따라 흐르다가 나미비아를 가로질러 보츠와나와 나미비아 국경선으로 흘러가는데, 잠베지강과 합류하여 인도양으로 흘러든다. 초베 국립공원은 보츠와나, 나미비아와 잠비아 3국의 국경지역에 걸쳐 있다.

변화무쌍, 빅토리아 폭포의 모습

May 2024

아프리카를 찾는 대부분의 관광객이 들리는 곳이 빅토리아 폭포이다.

우기와 건기에 따라 분위기가 조금씩 달라진다고 하지만, 시시각각 변하는 모습의 빅토리아 폭포의 특별한 매력은 꼭 경험해 볼 만하다.

현지 통가인들은 빅토리아 폭포를 모시 오아 툰야(Mosi-oa-Tunya; Thundering Smoke)라고 불렀다. 폭포가 하늘로 솟구치기 때문이다. 솟구치는 폭포가 변화무쌍한 모습을 연출하여 더욱 재미있다.

폭포는 보는 장소에 따라 전혀 다른 모습과 형태로 다가오는데...

넓게 펼쳐진 폭포의 모습이 장관이고, 폭포에서 피어오른 자욱한 분무는 천지 구분을 못하게 시야를 차단하기도 한다. 심지어 치솟은 물살이 소나기로 쏟아지며 행인을 흠뻑 적시고, 아프리카의 강렬한 햇살을 받은 분무는 웅장한 무지개를 만들어

폭포수에 걸려 있는데, 쌍무지개도 볼 수 있다. 그리고 하늘 높이 치솟은 분무는 여명, 일출, 아침과 한낮에 매우 다른 대조적인 모습을 보여 준다. 특히 붉은색과 흰색 등 색조 변화가 인상적이다.

빅토리아 폭포의 특징은 넓은 평지 사이에 깊게 파인 계곡으로 엄청난 수량이 떨어지는 폭포이다. 폭포의 폭이 1,708m, 높이는 108m이다. 계곡으로 떨어진 물이 반대편 계곡의 벽에 부딪혀 분무가 되어 하늘 높이 치솟는다. 우기에 폭포의 분무는 400m, 방향에 따라 800m까지 치솟는다. 분무가 웅장해서 50km 밖에서도 볼 수 있다.

영국이 들어오기 전, 모시 오아 툰야 시절 이 지역은 신성한 권역으로 일반인 출

입을 금지했다고 한다. 그러나 지금은 매년 약 100만 명이 방문하는 유명 관광지이다. 여름 우기가 지난 2-5월이 웅장한 폭포의 모습을 볼 수 있는 좋은 시기이다.

짐바브웨 쪽 폭포 계곡을 따라 펼쳐진 고원에 15개, 잠비아 쪽에 4개의 관측 포인트가 있어 다양한 각도에서 폭포의 모습을 만나게 된다. 바람의 방향에 따라 분무가 쏟아지는 곳이 변화무쌍한데, 분무 소나기를 뒤집어 써도, 이내 강렬한 햇빛에 말라 버리는 특이한 경험도 할 수 있다.

길게 펼쳐진 계곡으로 흘러내린 물이 하류 쪽 계곡의 중앙 부근에 열려 있는 협곡(T자형 협곡)에 모여 거대한 물길의 소용돌이 웅덩이를 만들면서 강의 하류로 빠져 나가, 조용히 흐르는 강의 모습으로 되돌아온다. 영국이 건설한 잠베지강 계곡의 철교에서 바라보는 폭포의 모습은 한 폭의 그림이다.

모시 오아 툰야가 빅토리아 폭포가 된 사연은... 스코틀랜드 선교사이며 탐험가인 리빙스톤이 1855년 빅토리아 폭포를 관측, 기록을 남기고 서구인들에게 알렸기 때문이다.

3 도심에서 체험하는 자연

발전의 역설인지 모른다. 아프리카의 경제개발이 천천히 진행된 덕분에 많은 국립공원이 있고, 그 속에 있는 원시적 야생의 모습을 볼 수 있다. 케냐에 27개 국립공원이 있는데(3개는 해상공원) 세계에서 유일하게 수도인 나이로비에도 국립공원이 있다. 그리고 나꾸루와 나이바샤 등 대도시와 공존하는 국립공원들이 많이 있다. 케냐 국토면적의 8%가 국립공원이며, 많은 야생동물이 건강하게 자생하는 자연생태계의 현장이다.

"더 친환경적이고, 더 건강하고, 더 야생적으로"라는 슬로건과 함께 런던을 시작으로(2019년) National Park City가 출범하고 있다. 그러나 이미 야생이 사라진 도시에서 무엇을 할 수 있을지…? 구호만 요란한 느낌이다.

인간과 야생의 공존을 상징하는 NP

May 2023

누구나 편안하게 접근할 수 있는 케냐의 수도, 나이로비에(도심에서 7km) 야생을 볼 수 있는 국립공원이 있다. 국립공원의 입구는 동물보호의 상징인 Ivory Burning Site로 시작한다. 이는 밀렵꾼이 상아와 코뿔소 뿔 등을 밀반출하려는 과정에서 압수하여 쌓아놓고, 불태운 장소(1989년 12톤 상아, 2016년 105톤 상아, 1.35톤 코뿔소 뿔 소각)로

유명하다.

암사자가 가젤을 사냥하여 아침으로 먹고 있다. 숫사자는 이미 아침 식사를 마치고 식사 중인 암사자와 마주 보고 앉아 경계를 서고 있다. 그러나 얼마나 포식을 했는지, 쪼그리고 앉아 잠이 들었는지 눈이 반 이상 감겨 있는 상태이다. 멸종 보호종인 코뿔소(Rhino)는 열심히 풀을 뜯고 있다. 포만감에 젖어 있는 버팔로는 게슴츠레 졸려 하는 모습이다.

나이로비 국립공원의 아카시아와 부시 덤불 속에 400여 종의 동물이 서식하고 있어 다양한 야생의 생활 형태를 볼 수 있다. 새벽에 가서 3-4시간 돌아보면 버팔로, 누, 얼룩말, 원숭이, 다양한 조류 등 쉽게 만나지만… 표범이나 치타 등은 만나기 쉽지 않다.

나이로비 국립공원은 동물원이 아닌 야생의 현장이다. 공원 면적이 여의도의 26배인 117평방 제곱 킬로미터이며, 북, 동,서쪽은 맹수의 도심 진입 방지 울타리가 있

지만, 남쪽은 열려 있어 키텡갤라 고원으로 야생동물이 자유롭게 이동할 수 있다.

2024년 5월, 사자 3마리가 도심 쪽 울타리를 넘어 시내로 잠적하였으며, 공원관리 당국에서 지역민들에게 주의를 당부하고, 사자를 찾기 위해 소란을 떠는 사태가 발생하기도 했다.

나이바샤, 야생동물과 인증샷

Sept 2023

의외로 많은 사람들이 나이바샤 호수와 크리센트 섬 방문을 즐거워한다.

초식이와 함께하는 3가지 특별한 경험 덕분이라 생각된다.

우선, 보트 사파리의 매력이다.

잔잔한 호수의 일출과 함께 보트를 타고 호수로 들어간다. 먼저 하마가 보인다. 만져보고 싶은 귀여운 하마이지만 언제라도 사람을 공격할 수 있는 위험한 동물이다. 하마가 수두룩한 물속을 활보하는 낚시꾼들의 기상천외한 모습이 섬뜩하다. 날렵한 독수리, 펠리컨, 가마우지, 홍학 등 정말 많은 새들이 손에 닿을 듯한 거리에 있다. 170여 종의 조류가 있다고 하는데, 틸라피아 등 열대어종 먹이가 풍부해서 모여든 형국이다.

나이바샤는 길이 13km의 대형 호수이고, 수심이 깊은 곳은 30m, 평균 수심은 6m이다. 리프트 밸리에 위치해 있는데 해발 1,890m 고산 담수호로 유명하다.

나이바샤는 발전 등 에너지와 화훼를 포함한 농업이 발달한 케냐의 주요 도시인데, 자연과 병존하는 모습이 인상적이다.

초식이와 걷는 사파리

Sept 2023

두 번째, 초식이 옆을 거닐며 이들과 인증샷을 찍는 즐거움이다. 나이바샤 호수 안에 있는 크리센트 섬에는 육식동물이 없다. 그래서 다른 사파리 지역과 달리 초식동물 옆을 걸어 다니면서 이들과 친하게 어울려 놀 수 있다. 기린, 누, 임팔라, 가젤 등 여러 초식동물이 살고 있는데, 이들과 같이 보내는 시간은 특별하다.

크리센트 섬에 있는 동물들은 〈Out of Africa〉 영화 촬영장으로 탄생했다. 당시 섬에 세트장을 만들고 야생 분위기의 연출을 위해 육지동물을 풀어 놓았는데, 이후 방치한 동물들이 자연 번식하여 생태공원이 되었다.

세 번째, 많은 영화에 모티브가 된 헬스게이트 국립공원이다. 화산으로 형성된 절벽과 특이 지형에서 자연의 힘을 느낀다.

조류 등이 둥지를 틀고 사는 높고 긴 암벽(Cliff, p.111 사진 1열 좌측), 공원의 입구에서 중심부로 자전거/도보 이동을 하면 암벽과 주변지역에 있는 얼룩말, 임팔라, 가젤 등을 지근거리에서 스치며 지나간다. 타워형 바위인 Fischer's Tower(1열 우측)에서 클라이밍 체험을 즐기는 방문객들이 많다.

〈LION KING〉에 등장하는 프라이드 락(2열 좌측)도 찾아볼만하다. 높은 암벽을 휘감아 흐르는 계곡으로 형성된 큰 바위인데, 심바의 시대를 알리는 〈LION KING〉 마지막 장면에 등장한다. 헬스게이트 공원의 GORGE는 물에 침식된 깊은 계곡(2열 우측)으로 형성된 지형인데 〈Tomb Raider〉 등의 영화 촬영장으로 이용한 곳이다.

나꾸루의 멸종위기 코뿔소와 홍학

Aug 2023

세계에서 가장 다양한 동물을 볼 수 있는 마사이 마라에서도 가장 만나기 어려운 동물이 바로 코뿔소이다.

그러나 나꾸루 호수를 에워싸고 있는 국립공원에서는 엄청난 거구지만 귀여운 코뿔소의 다양한 활동 장면을 사진에 담을 수 있다. 또한 나꾸루 호수는 염호여서 수십만 마리 홍학이 몰려드는 세계 최대 서식지이다. 홍학도 계절 이동을 하는데, 100만 마리까지 모인다고 한다. 영화 〈아웃 오브 아프리카〉의 홍학 비상 장면도 여기에서 촬영하였다.

호수에 좋은 물과 숲이 있으니, 다양한 야생동물이 있다. 사자와 가젤, 임팔라, 얼룩말과 버팔로 등 많은 초식이들도 서식하고 있으며, 키다리 기린의 우람한 모습도 볼 수 있고 다양한 조류를 관찰할 수 있다.

나꾸루 호수는 리프트 밸리(동아프리카 대지구대)에 위치한 $40km^2$ 염호인데, 나지막한 산자락에 둘러싸인 운치 있는 호수다. 전망 좋은 숙박 시설(Sarova Lion Hill Lodge)에서의 여유는 정말 강추…

호수에 인접한 나꾸루 시는 기후가 좋고 수량이 풍부해서 옥수수, 콩과 감자, 밀 등의 곡류 그리고 과일, 야채와 꽃을 재배하는 농업 중심지이며 한때 케냐의 수도 후보로 거론되기도 했던 도시이다.

III

생활환경과 변해온 과정들

Ⅲ

생활환경과 변해온 과정들

1 아프리카 주요 도시와 농촌

1 카이로, 인류 도시문명의 아이콘

시공을 초월한 특별한 삶의 현장

Feb 2025

카이로의 첫 인상은 뚜렷한 대비와 미스터리, 혼돈의 모습이다. 비행기에서 보면 나일강 삼각주를 지날 때 나타나는 푸른 벌판이 인상적이다. 그러나 공항에 도착하면 메마른 사막과 모래바람이 몰아치는 칙칙한 모습의 양면성에 당황하게 된다. 시내로 접근하면 도로망이 잘 정비되어 있고, 빼곡히 들어선 아파트와 관공서 등이 나타난다. 시민들이 안정된 생활 수준을 누리고 있음을 알 수 있다. 카이로는 인구 1,900만으로 중동과 아프리카의 최대 도시(p.116 사진 1열 좌우측)이며, 경제력도 두바이의 도전을 받고 있지만, 최고의 위치를 점하고 있다. 이집트의 수도이고 또한 아랍연맹의 수도이기도 하다. 카이로의 역사는 중세 이슬람의 파티마 왕조에서 시작된다. 카이로를 수도로 정하고 신도시를 건설(969년), 궁전과 사원을 배치한 것이다. 이후 살라딘의 아이유브 왕조 시기에 성곽을 확대하고(2열 좌측) 일반인의 거주를 허용하면서 도시가 급성장하였으며, 무역과 경제 중심지가 되었다. 고대 이집트 수도 멤피스가 20km, 피라미드의 도시 기자가 15km(2열 우측) 떨어져 있는 점을 감안하면 카이로 인근 지역이 최고의 요충지임을 알 수 있다.

카이로의 특별한 경험은 고대문명의 체험에서 시작된다. 이집트 국립박물관(p.117 사진 1열 좌측)에서 5천년 전의 고대 이집트 파라오와 귀족들을 만날 수 있다. 너무나 유명한 투탕카멘 황금 마스크의 위엄, 정교하고 화려한 부장품의 아름다움에 전율이 느껴진다. 5천년 전 무덤에서 나와 박물관에 서 있는 귀족들의 좌상도 압권이다(1열 우측). 고

대 이집트 특유의 가발을 쓰고, 부리부리한 눈으로 방문객들에게 말을 건네는 듯하다. 고대인은 나에게 무슨 말을 하고 싶을까? 그리고 시내 높은 언덕씨타델에 가면 시내를 가로질러 멀리 있는 피라미드와 마주치게 된다. 모래바람 속의 희미한 자태가 신비롭다(p.117 사진 2열 좌측). 타임머신을 타고 5천년 전으로 돌아온 느낌이다. 저 피라미드는 이렇게 심한 모래바람과 수시로 강타하는 지진을 어떻게 5천년이나 버티었을까?

중세 이후 형성된 이슬람 문명의 특징은 시내 전역에서 느낄 수 있다. 구시가지(올드 카이로)를 가면 중세시대 카이로의 분위기가 아직도 뚜렷이 남아 있다. 일부 성곽과 성문(2열 우측) 그리고 알 카임 등 화려한 모스크가 남아 있고, 골목상가에 아랍식 기념품이 즐비하다. 대표적인 카이로의 쇼핑 중심지가 칸 엘 칼릴리 시장인데, 중세의 아랍 상인들이 만든 시장이다. 중세시대 카이로를 방문한 상단이 머물던 여관 같은 곳이 칸인데, 여기에 머물던 상인들이 숙소 근처에서 거래를 시작하면서 시장이 형성된 것이다. 카이로가 세계적인 무역 중심지여서 각국의 많은 상단이 몰려 들었는데, 이들이 가져오는 물건이 다양화되면서 시장이 점차 커지고 발전하여 지금은 카이로의 가장 중요한 시장의 하나로 자리 잡았다. 맘루크 왕조 때는 이집트가 이슬람의 종주국으로 부상하면서 모스크가 급증하였는데, 화려하고 웅장한 모스크와 조그만 모스크 등 1,000개 이상의 모스크가 시가지를 뒤덮고 있다.

생과 사를 동일시하는 고대 이집트 신화의 영향인지, 카이로에는 죽은 자의 마을도 있다. 누구나 탐내는 도심의 가장 좋은 지역에 엄청나게 큰 규모의 공동묘지가 있

는 것이다. 카이로 중심의 살라딘 성곽을 중심으로 남쪽과 북에 분포해 있는데, 수 킬로미터에 이르는 거대한 규모이다. 작은 석조건물의 무덤과 곳곳에 모스크까지 있다. 그래서인지 외국에서 온 관광객 눈에는 공동묘지로 보이지 않는다. 황당한 것은 도시가 팽창하고 서민 주택 가격이 급등하면서 빈곤층 사람들이 묘지에 살기 시작했다. 거주 인구가 10만을 초과하면서 공동묘지에 전기와 수도 공급을 시작했다.

2 알렉산드리아, 신기루 같은 도시

2500년을 지켜온 지중해 최대 도시

Feb 2025

지중해 연안의 가장 매력적인 도시라면, 단연 알렉산드리아이다. 카이트베이 요새를 중심으로 펼쳐진 해안도로와 도시의 스카이 라인(p.118 사진 1열)이 푸르른 지중해와 잘 어울린다. 그리고 해안선의 중심에 유명한 알렉산드리아 도서관이 있어 더욱

인상적이다. 인구 610만 명으로 지중해 연안에서 가장 큰 도시이며, BC 331년에 시작된 오랜 도시의 매력을 듬뿍 느낄 수 있다. 고대부터 이어온 무역과 유통산업 중심지(2열 좌측)로서의 기능이 여전하고, 천연가스 등 에너지산업의 중심지(2열 우측)이다.

알렉산드로스 대왕이 BC 331년에 세운 도시이며, 그리스와 로마의 이집트 통치 시기에는 이집트의 수도였다. 그리스 전성기에는 세계 최대 무역항이고 많은 유물과 스토리를 남겼다. 로마의 지배를 받던 AD 3, 4세기부터 쇠퇴하기 시작하였지만, 이슬람이 지배하던 맘루크 왕조 때까지도 중동과 유럽을 연결하는 가장 중요한 무역거점이었다. 아시아에서 홍해와 카이로를 거쳐 넘어온 향신료의 집산지였으며, 베네치아 상인 등 유럽상인들이 모이는 교역 중심지였다.

알렉산드리아의 명물은 세계 7대 불가사의 중에서 하나인 파로스 등대인데, 지금은 그 자리에 카이트베이 요새(p.119 사진 1열 좌측)가 있다. 파로스 등대는 BC 3세기에

건설되었는데, 높이 130m, 세 개의 층(아래는 정사각형, 중간은 팔각형, 위는 원형)의 구조이다. 거울 같은 반사경을 이용하여 등대의 불빛을 원거리로 쏘았는데, 43km 밖에서도 보일 만큼 밝았다. 낮에는 햇빛을, 밤에는 연료를 태워 불을 밝혔는데, 연료를 130m까지 올리는 엘리베이터와 같은 장치가 있었다. 950년, 1100년, 1303년 등 수차례에 걸친 대규모 지진으로 등대가 파괴되었다.

알렉산드리아 도서관은 고대 세계에서 최대 규모였던 도서관인데, 불에 타서 소실되었다. 지금은 현대식으로 다시 건축하였다(1열 우측). 알렉산드리아 도서관은 파피루스 두루마리를 보관하는 책장들로 이루어진 회랑을 비롯해서 독서, 강의, 집회를 위한 시설과 함께 기숙시설을 갖춘 국립학술원 성격의 시설이었다. BC 300년대 건립하였으며 BC 30년까지 지식과 학문 교류의 세계 최고 중심지였다. 당대에는 알렉산드리아가 세계 최대의 무역항이었기 때문에 수많은 무역선과 전문가들이 드나들었는데, 입항한 모든 선박을 이용하여 서적을 입수하였다. 도서관은 BC 48년 카이사르가 이집트를 점령할 당시 상당부분이 방화로 소실되었고, 남은 잔해는 로마의 아우렐리아누스 황제 시기인 3세기 말에 완전히 파괴되었다.

고대 묘지 등 생활양식을 보면 알렉산드리아에는 이집트와 그리스 문명이 혼합된 생활양식이 나타나는데, 특이한 것은 비둘기 요리이다. 야생이 아니라 사육한 비둘기로 요리를 하는데, 매우 인기 있는 고급 요리라고 한다. 도시 주변의 곳곳에 비둘기 사육장(p.119 사진 2열 우측)이 늘어선 것이 매우 인상적이다.

3 나이로비, 아프리카 국제화의 선두

깜놀 그린시티

Feb 2023

메마르고 더위에 시달릴 것 같은 아프리카의 이미지를 여지없이 바꾸어 주는 곳이 바로 나이로비이다. 세계 어느 도시보다 시원하고 푸른 그린 도시의 모습 때문이다. 'The Green City in the Sun'이라는 별명에 맞게 나이로비에서는 녹지가 우선 눈에 띈다. 나이로비 국립공원, Karura Forest, City Park, 나이로비와 응공로드 수목원, Uhuru Park 등 원시림이 도시를 에워싸고 있다.

마치 그린시티 뉴델리를 생각나게 한다. 르메르디앙 호텔에서 내려다본 뉴델리는 숲 속의 정원 같은 그린시티였다. 인도에 대한 막연한 이미지와 너무 달랐다. 알

고 보니 주변이 관공서와 외교단지로 구획된 지역이었다. 그러나 막상 시내로 들어가면 무더운 날씨와 특유의 냄새, 파리와 모기 등으로 또 한 번 당황했지만…

두 도시의 공통점은 영국 식민지 시기에 건설된 인공 도시이며 자연과의 균형을 생각하면서 개발한 도시임을 알 수 있다. 나이로비가 푸른 숲속의 아늑한 도시로 보이지만, 뉴델리처럼 막상 도심에 들어가면 엄청난 반전이 있다. 온갖 차들과 사람이 엉켜 있고, 자욱한 매연과 먼지가 날린다. 행인들을 긴장하게 하는 무질서한 행상까지 우리를 당황스럽게 한다.

스카이 라인의 매력

May 2024

나이로비를 10여 년 만에 방문한 사람들의 표현으로, 요즘의 나이로비는 '천지개벽' 수준이다. 낙후되고 허름하고 지저분한 도시의 모습이 완전하게 바뀌었다는 것이다. 우선 도시의 도로망이 여느 도시 못지않게 정비되어 있다.

이에 못지않게 스카이 라인도 나름 웅장한 모습이며, 유명한 아키텍처 빌딩들이 많아 더욱 매력적인 도시이다. 광역권 인구가 550만으로 아디스아바바와 함께 동아프리카에서 가장 큰 도시인데, 꾸준하게 성장 발전하는 도시의 모습은 매우 인상적이다.

빌딩들을 보면 고도 80m 이상 빌딩이 18개 있다. 가장 높은 빌딩은 Britam 빌딩(32층, 200m)이고, 두 번째 높은 빌딩이 GTC(31층, 184m)이다. 그리고 UAP Old Mutual Tower(163m), Times Tower(140m), Prism Tower(133m) 등으로 이어진다.

그리고 독특한 디자인의 건축물이 많은데, 아름다운 건물로 유명한 곳은 KICC(1970년대 건축한 전시컨벤션 건물이며, Rooftop 헬기장과 전망이 유명), Jamia Mosque, Times

Tower, Kenya National Archives 등이 유명하다.

나이로비는 동아프리카의 유통과 물류 중심지로 성장해 왔다. 또한 사파리 등 관광 중심지이고, 금융과 ICT산업을 이끌고 있으며, 농산물 가공 및 식음료 제조와 건설 및 건축산업에서도 핵심적인 역할을 하고 있는 도시이다.

국제기구가 밀집한 사연

Dec 2023

나이로비에 18개 유엔기구와 다양한 국제기구가 있다.

유엔 아프리카 사무국이(유엔 본부는 뉴욕에, 사무국은 나이로비, 비엔나, 제네바에) 있고 UNEP, UN-Habitat(도시화와 주거문제 관장)는 본부가 나이로비에 있다.

유엔 총회와 안전보장이사회는 대부분 뉴욕에서 열리지만, 다른 사무국에서 열리기도 한다. 수단 문제 논의를 위한 2004년 유엔 안보리회의가 나이로비에서 개최되었다.

유엔 사무국 방문은(수많은 국가 정상이 방문하는데 재미있는 후일담도 들려준다) 유엔 기능과 활동을 이해할 수 있는 흥미로운 경험이었다.

최대 국제기구인(193개 회원국) 유엔은 평화와 안보, 인권과 인도주의적 지원, 대테러 대응, 기후변화, 지속가능 발전, 보건위생, 양성평등, 거버넌스 등과 같이 인류가 21세기에 직면한 다양한 문제들을 해결하기 위해 노력하고 있는데, 이들의 노력을 이해할 수 있다.

United Nations
United Nations Office at Nairobi

Home › Who we are › UN Agencies in Nairobi

UN Agencies in Nairobi

- Office of the Director-General
- Administrative Services
- Conference Services
- Security and Safety
- UN Information Centre

Headquartered agencies

United Nations Office at Nairobi(UNON)
United Nations Environment Programme (UNEP)
United Nations Human Settlements Programme (UN-Habitat)

Regional offices

International Fund for Agricultural Development (IFAD)
International Labour Office (ILO)
International Maritime Organization (IMO)
United Nations Human Rights Office of the High Commissioner (OHCHR)
United Nations Office on Drugs and Crime (UNODC)
United Nations Educational, Scientific and Cultural Organization (UNESCO)
United Nations High Commission for Refugees (UNHCR)
United Nations Industrial Development Organization (UNIDO) Kenya
United Nations Children's Fund (UNICEF)

Country Offices

Food and Agriculture Organisation for the United Nations (FAO)
International Organization of Migration (IOM) Kenya
United Nations Children's Fund (UNICEF) Kenya
United Nations Development Programme (UNDP) Kenya
United Nations Entity for Gender Equality and the Empowerment of Women (UNWOMEN) Kenya
United Nations Population Fund (UNFPA) Kenya
World Food Program (WFP) Kenya
World Health Organisation (WHO) Kenya

Other UN entities

Association of Former International Civil Servants in Kenya (AFICS-KENYA)
International Civil Aviation Organization (ICAO)
International Monetary Fund (IMF)
United Nations Centre for Regional Development Africa Office (UNCRD)
United Nations Common Air Services (UNCAS)
United Nations Institute for Training and Research (UNITAR)
United Nations Office for Coordination for Humanitarian Affairs (OCHA) Kenya
United Nations Office for Disaster Risk Reduction (UNDRR)
United Nations Office for Project Services (UNOPS)
United Nations Political Office for Somalia (UNPOS)
United Nations Programme on HIV/AIDS (UNAIDS)
United Nations Volunteers (UNV)
World Bank in Kenya

유엔 회원국들은 총회, 안전보장이사회, 경제사회위원회 및 다른 기구와 위원회에서 자국의 입장을 개진하고 상호 협의를 통한 문제해결을 추구하고 있다. 즉, 유엔은 국가들 간의 대화와 협상을 통해 다양한 문제를 해결하는 메커니즘으로 운영되고 있는데, 투어 과정에서 유엔 회의실에서는 이러한 모습을 체험해 볼 수 있다.

나이로비에 국제기구가 많은 것은 영어 상용 영연방국가의 이점과 아프리카 국가 중 정치적 안정성이 뛰어난 점이 가장 크게 작용한 것으로 볼 수 있다. 또한 아프리카에는 국제기구가 해야 할 현안이 많기 때문에 유엔기구들이 집중적으로 생겨난 것도 영향을 끼쳤다. 아프리카에는 14억의 거대인구가 있지만 정치적 불안정이 있어 왔고, 보건위생 문제해결을 위한 지원과 생활수준 향상을 위한 공동노력 등이 필요하다.

유엔과 함께 아프리카연합(AU, African Union)이 아프리카의 중요한 기구이다.

AU는 아프리카인들의 노력으로 평화와 공동번영을 달성하고 국제무대에서의 역동적인 역할을 위해 설립하였다. AU는 총회, 각료 집행 이사회, 평화안전보장 이사회, 범아프리카 의회 등의 기구를 운영하고 있는데 보건위생과 생활수준의 향상을 위한 협력, 아프리카 국가 공동의 이익을 반영하기 위한 외교정책 조율 그리고 반인륜적 전쟁범죄 억제(필요시 개입) 등 중요한 역할을 하고 있다. 아프리카연합의 깃발의 바탕색인 녹색은 아프리카의 희망을, 55개 별은 회원국을 상징한다.

4 콘자 테크노폴리스

메마른 사바나 지역을 스마트시티로...

May 2023

케냐는 동아프리카에서 선도적으로 발전하고 있는 나라이며, 지역 내에서 강한 영향력을 행사하고 있다. 따라서 한국이 케냐와의 경제협력 확대를 위해 적극 노력하고 있다.

한국과 케냐의 대표적인 협력 사업으로는 한국이 지원하는 케냐의 콘자 신도시 건설사업을 들 수 있다. 케냐정부에서 야심적으로 콘자에 경제 자립형 신도시를 건설하고 있는데, 한국이 적극적으로 지원하고 있는 것이다. 우리나라 카이스트를 중심으로 콘자 신도시에 KAIST를 설립하는 프로젝트를 진행 중이며, 2025년부터 디지털 미디어시티(DMC) 건설을 진행하고 있다.

2023년에는 콘자 신도시의 발전을 위해 추가로 4대 프로젝트를 선정하고 각 프로젝트의 이행을 위한 마스트 플랜 수립을 추진하고 있다. EIPP 착수 보고회는 4대 프로젝트의 착수를 알리는 매우 의미 있는 행사이다.

1) 나이로비와 신도시인 콘자 간의 도로망 확장과 ITS, BRT 등 첨단 기능을 접목하기 위한 마스트플랜 수립

2) 콘자 신도시 내의 교통망 설계, ITS(지능형 교통망) 그리고 통합관제센터를 구축

하기 위한 마스터플랜 수립

3) Cross Border 전자상거래를 위한 디지털 물류센터 구축

4) 케냐 기술창업 생태계 조성을 위한 마스트플랜 수립 프로젝트

콘자 테크노폴리스를 위한 EIPP 프로젝트는 2022년-2024년까지 3년간 진행했다. 이를 통해 케냐에 한국형 신도시가 탄생하기를 기대해 본다.

Kenya in Korea

June 2023

케냐 국회의 위원회, ICT부 그리고 콘자시 개발청장과 부서별 책임자 등 관계자들이 한국을 찾았다. 한국의 경제 및 산업시스템과 개발경험을 배우고 체험하기 위해서이다.

특히 케냐 정부는 한국의 송도, 판교와 같은 신도시를 케냐에 세우기 위해 노력하고 있으며, 한국의 사례를 연구하기 위해 송도를 방문하고 감탄사를 연발하였다.

대표적 스마트시티인 송도 방문과 함께 서울시 TOPIS 등 교통 시스템과 신호체계에 대한 강의를 들었다. 많은 질문이 이어진다. 나이로비와 콘자시에 한국 시스템을 접목할 수 있을까?

또한 부산항과 군포 복합물류단지 등 우리나라 물류산업 구조와 특징을 돌아보았다. 콘자 신도시에 한국식 물류처리 시스템을 도입하기 위해서이다.

또한 KAIST 스타트업 지원 체계 등을 돌아보았다. 케냐의 스타트업 생태계 조성을 위한 아이디어를 얻기 위해서이다.

이들 방한단의 최대 관심사는 콘자시에 진행 중인 신도시 프로젝트에 우리나라의 신도시 개발 경험을 어떻게 접목할 수 있을까 하는 점이다. 방한한 콘자시 정부 인사들의 의견이 대체로 일치하는 부분이 있다. 한국은 장기적인 비전과 전략, 일관성 있는 사업 추진으로 단기간에 엄청난 성과를 이루었다고 평가하는 점이다. 자녀들을 한국으로 유학 보내겠다고들 입을 모았던 모습도 인상적이다.

콘자 테크노폴리스에 대한 EIPP 지원 사업이 마무리 단계에 진입했는데, 소기의 성과가 나타나고 있어 다행이라 생각된다.

케냐에서 진행하고 있는 콘자 신도시 프로젝트는 한국형 신도시를 케냐에 건설하는 것이다. 이미 2년간 한국이 많은 아이디어와 기술을 제공하였으며, 이제 3개의 추가 프로젝트를 마무리하면 EIPP 프로젝트가 종결된다.

2024년 프로젝트로는 1) 콘자신도시에 스타트업 인큐베이터를 위한 사이언스 파크 건설(이를 위한 마스터플랜 수립) 2) 콘자 신도시에 스마트 팜 시범단지 건설 계획 수립 3) 콘자시의 에너지 자립을 위한 신재생 발전과 에너지 저장 및 스마트 그리드 시스템 구축, 이를 위한 구체적인 계획 수립, 이렇게 세 가지 프로젝트이다.

케냐의 담당 공무원들과 한국의 전문가들이 모여 3개의 프로젝트를 어떻게 진행할지 논의를 계속해 왔다. 세미나와 워크샵을 통해 프로젝트 추진 기본 방향을 설정하였다. 그리고 케냐의 담당 공무원들이 한국을 방문하여 우리 시스템을 체험하는 단계에 진입하였다.

이번 케냐 공무원들의 서울 방문과 체험 프로그램은 한·아프리카 정상 회담(2024년 6월 4-5일)과 연계하여 추진하였다. 최대한 고위급 공무원들이 와서 한국에서의 체험을 계획에 반영할 수 있도록 하기 위해서이다.

EIPP 행사와는 별개이지만, 케냐 정상의 한국 방문 및 한국, 케냐 정상 회담이 한국과 케냐 간의 경제협력 분위기를 더욱 강화시켰다.

케냐 정부는 케냐 전문인력의 한국 파견이 가능하도록 우리 정부에 요청하였으며, 케냐의 도로교통, 전력망 확충 등 인프라 개선에 대한 한국 정부의 지원을 요청하였다. 케냐는 자체 재정이 빈약하기 때문에 장기 저리 자금을 제공하는 한국의 EDCF 기금을 요청한 것이다. 또한 케냐의 대통령은 한국기업을 케냐로 유치하기 위해서 동분서주하였다. 우리나라의 섬유와 신발 분야 기업 그리고 B2G 스타트업 기업 등 많은 경제인들과 개별 면담을 진행하였다. 이러한 분위기 덕분에 케냐 공무원들이 한국과의 경제협력에 더욱 심혈을 기울이고 있다.

EIPP 프로그램으로 방한한 콘자시 정부에서는 DMC 프로젝트를 위해 우리나라의 많은 전문가를 만났다. 우리나라 상암동에 있는 DMC(Digital Media City)를 카피하여 콘자 테크노폴리스에 세우기 위한 프로젝트를 진행 중인데, 효율적인 추진 전략을 마련하기 위해서이다. DMC프로젝트가 본격화되면 한국의 문화 콘텐츠 분야 기업들이 아프리카 시장에 진출하는 데 큰 도움이 될 것으로 예상된다. 또한 콘자시 정부는 우리나라 전자산업진흥회의 전자제조센터와 기계산업진흥회 방문을 통해 한국의 기술과 장비를 케냐에 도입할 수 있는 방안을 모색하고 있다. ODA 프로젝트를 통해 이들 산업별 단체들이 보유하고 있는 기술, 장비 및 노하우를 케냐에 도입하면 케냐의 제조업이 성장하는 기초가 될 것으로 기대하기 때문이다.

케냐 정부의 EIPP에 대한 신뢰와 기대는 특별하다. EIPP를 통해 지지부진하던 콘자 신도시 프로젝트가 회생, 성장단계에 진입하였기 때문이다. 케냐 정부가 디지털 산업 육성을 위해 2009년 콘자 테크노폴리스 신도시 건설 프로젝트를 시작하였다. 그러나 상당기간 동안 진행속도가 느리고 신도시에 대한 투자가 없어 실패할 수 있다는 불안감이 짙게 깔려 있었다. 10년이 넘는 기간 동안 이태리 차관을 도입하여 콘자 시내 도로, 상하수도와 수처리 시설을 건설하였고 중국 화웨이에서 통신시설과 데이터센터를 건설하는 수준이었다. 케냐 정부의 자체 재정으로 전력 공급망을 구축하였지만, 텅 빈 도시에 인프라 공사만 하느냐는 비아냥거림에 시달렸다.

그러나 지금은 분위기가 달라졌다. 한국이 콘자시에 최초의 대형 교육기관인 KAIST를 건설하였고, DMC를 건설하기로 하면서 도시의 구색이 갖추어지고 있다. 또한 EIPP 프로젝트를 통해 교통과 전력 등 인프라를 고도화하면서 분위기가 바뀐 것이다. 한국 덕분에 신도시 인프라가 개선된 결과, 케냐 자체의 주요 기관들이 콘자로 이전하는 사례도 늘어나고 있다. 케냐 개방대학, Riara 대학 등이 콘자로 이전하였고, 케냐의 주택공사와 국립 R&D 센터 등도 이전할 계획을 세우고 있다.

현재 진행 중인 양국 협력사업 중에서 가장 중요한 프로젝트는 나이로비-콘자 도로 확장 사업이다. 현재 왕복 2차선으로 심각한 교통 체증에 시달리고 있는데 왕복 6차선으로 확장할 계획이다. 2023년 EIPP 사업으로 예비 타당성 조사를 마쳤고, 정확한 공사 투자비 계산을 위해 F/S를 진행 중이다. 도로 확장 프로젝트가 마무리되면 콘자 신도시의 성장세가 더욱 빨라질 것이다. 이외에도 콘자 신도시에 부족한 용수를 공급하기 위해 100km 밖에서 물을 가져오는 수로건설에도 한국의 역할을 당부하고 있다.

이러한 한국기업들의 활약 덕분에 케냐정부가 한국의 지속적인 지원을 요청하고 있는 것이다.

5 스와힐리 항구의 다양한 모습

몸바사, 격변을 이겨낸 미항의 매력

Nov 2023

동아프리카에서 가장 큰 항구는 바로 몸바사이다. 몸바사는 지정학적 위치 때문에 고대, 중세와 근세까지 중요한 위치를 차지하고 격변을 이어 온 국제무역항이다. 2차 세계대전 승리로 기세를 올리고 있던 영국이 엘리자베스 2세 방문을 기념하기 (1952년) 위해 건립한 몸바사항에 있는 TUSK가 이러한 세월을 말해주고 있다.

아랍 상인들이 1세기부터 몸바사에 드나들었으며, 8세기에는 무역 도시로 발전하였다. 무역이 활성화되면서 회교사원 건설(1300년), 노예를 이용한 플랜테이션 농업까지 발전하고, 현지 토착인의 문화 및 언어와 결합하여 스와힐리 문화가 탄생한다. 아이보리, 코코넛, 밀렛 등 농산물 수출항이 되었다.

아랍의 텃밭에 유럽의 진출이 시작되었지만, 수차례 주도세력이 뒤바뀌는 격변이 일어난다. 포르투갈의 바스코다가마가 첫발을 내딛고(1498년), 포트 지저스를 건설하면서(1593-1596년) 포르투갈이 통치하기 시작하였다. 그러나 한때 오만이 통치권을 장악하였고(1698년), 페르시아계 세력이 확대되는 와중에 영국이 개입하여 이 지역을 보호령으로(1824년) 만들었다.

향신료와 도자기 및 금, 아이보리, 노예무역항으로 더욱 번성하면서 이권을 노리는 각국의 경쟁이 더욱 첨예하게 전개된 것이다.

영국이 식민지 지배를 위해 몸바사-우간다 철도를 건설하였고(1896-1901년), 이후 동아프리카 물류 중심지로 자리 잡았다. 철도 건설로 많은 유럽과 인도인이 유입되고, 내륙과 해안의 물자 교류가 확기적으로 확대하면서 내륙에 커피, 차 플랜테이션

농업이 발전한다.

영국의 억압을 뚫고 케냐가 독립한(1963년) 이후에도 몸바사는 물류 중심지로 지속 발전하고 있다. 몸바사항은 19 BERTHS, 2.1백만 TEU 처리 능력을 가진 아프리카 핵심 항구이며, 케냐뿐만 아니라 우간다, 르완다, 부룬디, 남수단 등 동아프리카 지역 물류 이동이 몸바사항에 의존하고 있다.

몸바사항구는 물동량으로 북적이고 있지만, 항구의 남북으로 펼쳐진 아름다운 자연은 변함이 없고 우리에게 항상 안락함을 준다. 항구의 북쪽에 있는 니얄리, 남쪽의 디아니 비치는 천혜의 아름답고 평화로운 자연경관이 펼쳐진 휴양지이다. 12월과 1월에는 유럽 관광객들로 붐비는 인기 있는 리조트들이 왕창 몰려 있다. 이제 지저스

포트도 역사의 유물로 남아 박물관으로 이용되고 있으며, 몸바사 지역의 아름다운 비치와 함께 관광 자원의 역할을 톡톡히 하고 있다.

평화의 도시(다르에스살람)는 공사 중

Jan 2024

동아프리카에서 몸바사와 쌍벽을 이루는 주요 항구도시가 다르에스살람인데, 아트, 패션, 문화 산업이 유명하다. 관광객들에게 인기를 끌면서 케냐 등 동아프리카로 널리 퍼진 Thingthinga art 탄생지이기도 하다.

그리고 인기 관광도시인 잔지바르로 가는 길목이라 관광산업도 발전하고 있다.

특히 주목할 점은 평화로운 관광의 도시에 불어닥친 변화의 바람이다. 세계은행을

비롯한 국제기구와 유럽, 미국 및 중국 그리고 우리나라에서 탄자니아에 개발원조 자금을 대량 공급하면서 도시 전체가 공사판이 된 느낌이다. 덕분에 우리 엔지니어링사의 탄자니아에 대한 관심이 지대하다. 아직 도로망과 전력 등 SOC 기반이 열악하지만 외국의 자본이 유입되면서 단기간에 급속한 변화의 시기를 겪고 있는 것이다.

다르에스살람은 천혜의 인도양 항구이며 내륙으로 뻗어 가는 물류망을 가지고 있다. 인도양의 다르에스살람과 빅토리아 호수 연안의 므완지(탄자니아 2대 도시)를 잇는 철도망을 현대화하는 사업이 진행 중인데, 이 철도망이 완성되면 빅토리아 호수 인근에 자리 잡고 있는 우간다, 르완다와 브룬디 등 많은 내륙국가들과 교통망을 연결하기 때문에 동아프리카 물류거점으로 발돋움할 것으로 예상된다. 또한 아프리카에서는 드물게 BRT 운행을 시작했고, 계속 확장하는 등 눈에 띄게 인프라가 개선되고 있다.

다르에스살람은 잔지바르 술탄이 건설을 시작하였으며(1865년), 세이드 마지드 술탄이 다르에스살람(평화의 땅)이라는 이름을 붙였다(1886년).

이후에 독일이 진출하여 독일 동아프리카회사 경영(1887년)을 시작하면서 행정과 상업도시로 성장하였다. 특히 탄자니아 다르에스살람에서 잠비아의 음포시를 연결하는 TAZARA 철도 건설의 영향으로 물류중심지의 기능이 확립되면서 급성장한다. 1차 세계대전 후에는 전승국 영국의 지배가 시작되고, 인도계가 대거 유입되는 변화를 겪기도 했다.

탄자니아는 독립(1961년) 후 한동안 사회주의 노선을 택하면서(1967-1980년대 중반) 침체기를 거쳤지만, 1995년 시장경제, 개방경제 체제를 강화하여 변화가 일기 시작했다. 국제기구의 지원을 바탕으로 항만, 물류와 인프라를 확대하고 금융산업 등 고부가 산업이 가세하여 아프리카의 성장엔진으로 도약하고 있다.

말린디, Why Little Italy?

April 2024

말린디는 아프리카 속의 유럽이며, 최고 인기 관광지로 꼽힌다. 말린디는 5년간 아프리카의 The Best Beach로 선정되기도 했다. 특히 겨울철에는 이태리와 유럽인들이 북적이는 해변도시이다. 아름다운 비치, 아랍풍의 건축물과 맛있는 해산물 요리를 잘하는 유명한 이태리 식당이 많다. 케냐에서 좀처럼 맛있는 해산물 요리를 접하기 어렵기 때문에 식도락가들이 자주 찾는 곳이기도 하다.

맛있는 식사를 하고 편안하게 휴식을 취할 수 있는 시설이 갖추어진 식당(p.137 사진 1열 좌측)과 아름다운 비치에서 멍 때리는 관광객들이(1열 우측) 즐비해 있다.

말린디는 케냐에서도 가장 오래된 도시 중에 하나인데, 갈라나(Galana)강과 인도양이 만나는 지리적 특징으로 고대부터 무역이 발전하였기 때문이다. 5-10C 반투족이 들어와 살기 시작했는데, 아랍과 인도 상인이 무역거점으로 이용하면서 발전하기 시작하였다. AD 850년에 도시가 건설되었고 킬와, 몸바사와 함께 스와힐리 문화권

으로 성장하였다. 아이보리, 코뿔소 뿔, 코코넛, 오렌지, 기장(millet), 쌀 등 농산물 수출 거점이었다.

정화함대가 다녀간(1414년) 적도 있다고 하며, 바스코 다가마가 진출하여(1498년) 유럽과의 교류가 시작되었다. 말린디의 왕은 몸바사와 달리 이들을 환대하였다. 당시 말린디는 인구 5천-1만 명의 무슬림 국가였는데, 몸바사, 킬와의 세력에 눌려 있는 상황을 벗어나기 위해 포르투갈과 협력하는 전략을 선택했다. 다가마는 항해사를 제공한 말린디 덕분에 인도의 캘리컷까지 갈 수 있었다. 지금도 말린디에 바스코 다가마를 기념하는 기념물(Pillar, 위의 사진)과 교회의 잔해가 남아 있다.

포르투갈 영향력이 쇠하고 영국세력이 진출하면서 동아프리카회사를 운영하였는데, 말린디에도 지사가 있었다. 이때 The House of Columns(p.138 사진 1열)를 건설

하였는데, 동아프리카회사 말린디 지사가 사용하다가 병원, 어업관리국 건물로 쓰였으며, 지금은 박물관으로 이용되고 있다.

오늘날 말린디는 리틀 이태리로 불린다. 3천 명 수준의 이태리계 인구가 살고 있기 때문인데, 정주 인구 기준으로 아프리카에서 가장 많은 유럽인이 사는 도시다. 억만장자 Briator가 소유하는 호텔, 리조트 등 투자 규모도 막대하다. 말린디에 이태리계 인구가 정착한 것은 2차 세계대전 중 이태리군이 주둔했고, 이에 대한 보상으로 이들에게 토지를 제공한 것이 계가가 되었다.

이태리 명사들과 친분이 두터웠던 파라다이스 전략원 회장도 말린디를 자주 방문하여 이들과 어울려 놀았다고 한다. 이때 조모 케냐타 케냐의 초대 대통령과 인연을 맺게 되었다. 이후 케냐타 대통령의 권유로 나이로비의 사파리 파크 호텔 & 카지노를 인수하게 되었다는 설도 있다.

6 케이프타운, 세계 최고 미항

테이블 마운틴과 테이블 보(table cover)

Oct 2024

지구에서 가장 아름다운 항구도시는 분명 케이프타운이다. 브라질의 리오 데 자네이루가 비슷한 매력을 가진 도시라고 할 수 있겠지만... 케이프타운의 매력은 우뚝 솟은 해발 1,080m 테이블 마운틴에서 시작된다. 산 밑에서 올려다보면, 웅장한 수직으로 이루어진 암벽의 모습(사진 1열 좌우측)에 압도된다. 걸어서 땀을 흘리며 오르면 더욱 다양한 재미를 느낄 수 있겠지만, 여행객들은 케이블카를 이용한다.

정상에 오르면 넓은 평지에 암석과 자갈, 모래 그리고 수목이 어우러져(2열 좌측) 신비로운 분위기를 자아낸다. 발 아래를 굽어보면 회갈색 기암절벽, 검푸르게 펼쳐진 바다와 올망졸망 해변을 따라 발달한 도시의 조화가 보여주는 매력(2열 우측)에 빠져든다. 더욱 매혹적인 모습은 산정의 척박한 바위틈에 붙어 자라는 야생화 핀보스의 아름다움과 생명력이다. 테이블 마운틴에는 1,470종의 야생화와 8,200가지 식물이 자란다. 이곳에 서식하는 70%의 동식물이 고유종으로 특이하며, 80%의 식물이 핀보스(fynbos)에 속한다. 건기가 길고, 흙마저 귀하여 수분이 부족한 바위틈에 살

고 있는 생명력이 놀랍다. 건기에도 수시로 산이 구름에 덮여 있어(현지인들은 테이블보라고...) 나름의 수분 공급이 이루어지는 덕분이라고 한다. 뿌리가 물을 찾을 수 없으니... 살아남기 위해 안개와 지나가는 구름의 수분이 몸에 묻으면 이를 흡수해서 생명을 유지한다. 테이블 마운틴은 1,000m가 넘는 산 정상이 테이블처럼 편편해서 얻은 이름인데, 세계에서 가장 오래된 산 중의 하나이며 나이가 3억 6천만 년이다. 산 속의 돌 중에는 생성된 지 6억 년이 넘은 것도 있다. 해저였던 지형이 오랜 세월 동안 융기하여 산이 되었는데, 3억 년 전 산 정상이 해수면 높이로 있을 때, 흐르는 물과 얼음 조각에 깎여 넓고 편편한 모양이 형성되었다.

커스텐보쉬(Kirstenbosch), Small plant world... Oct 2024

케이프타운에서 한 달 살이를 하고 싶게 만드는 정원이 있다. 아주 넓어서 하루를 돌아도 아주 일부만 볼 수 있다. 아름다운 산세, 화려하고 다양한 수목의 매력에 빠져 계속 머물고 싶은 정원이 커스텐보쉬이다.

여기서도 가장 매력적인 꽃은 이 지역의 고유종 핀보스이다. 남아프리카공화국의 국화인 The King Protea 꽃(p.141 사진 1열 좌측)은 핀보스의 일종인 Protea에 속하

는데 왕관 같은 모습을 하고 있다. Protea 이외에도 남아프리카의 핀보스 꽃으로는 Erica, Restio 등이 있는데, 종류도 다양하며 화려하고 아름답다.

핀보스는 작은 꽃과 잎의 식물이라는 의미인데, 좁은 땅에 군집해서 자라지만 7,000종에 달한다. 이 중 80%가 남부 아프리카 해안에 서식하고 있으며, 호주와 캘리포니아에 소수의 핀보스가 있을 뿐이다. 화려하고 다양한 핀보스의 모습은 Kirstenbosh에서 만날 수 있다.

커스텐보쉬 식물원에는 핀보스를 비롯하여 가장 많은 남아프리카의 고유종 꽃이 있는데 Lily 계통의 다양하고 화려한 꽃들도 군락지를 이루고 있어 인상적이다.

식물원이 테이블 마운틴 동쪽 기슭에 자리 잡고 있으며, 정원의 북서쪽으로 테이블 마운틴의 웅장하고 수려한 모습이 펼쳐지고 있다(사진 1열). 웅장한 산세와 각양각색의 수목이 어우러진 경치가 압권이다.

또한 야생 아몬드, 사프란(2열 좌측), 아몬드(2열 중간), 코르크 등 특이한 나무 그리고 퀴버 등 나미비아 사막의 나무와 식물, 사바나 지역의 식물, 심지어 고생대 희귀식물(2열 우측) 등 아프리카 6개 생물 군계 중에서 5곳의 7,000종 식물과 450종 나무가 우거져 있다.

와인 잡지에도 종종 소개되는 남아프리카공화국 와이너리의 특징이 있다. 바로 세계에서 가장 아름다운 경치이다. 그래서 와인 테이스팅에 특별한 매력이 있다. 스탈렌보쉬(Stellenbosch)의 Stark-Conde(아래 사진 1열 좌우측)는 알프스 숲속의 와이너리 같았다. 경치에 취해서 와인 테이스팅을 할 때는 와인을 눈으로 마시는 느낌이다. 보르도 와인 브랜딩으로 유명한 스탈렌보쉬는 남아공 최대 와인 산지인데, 1688년 프랑스 위그노 종교 난민들이 와이너리를 시작하면서 본격적으로 발전하였다.

케이프타운에 가까운 Groot Constantia(2열 좌우측) 역시 매력적이다. 높은 산, 수려한 시가지 모습을 감상하면서 와인과 함께 하는 점심은 특별한 기억으로 남는다. 쇼비뇽 블랑으로 유명한 콘스탄티아(Constantia)는 남아공 와인의 발원지이다. 네덜란드 초대 총독 얀 반 리벡이 와인 생산을 시작하고(1659년) 후임 총독이 포도 농사를 확

장하면서 발전했다.

방문 중 먹어 본 PUTFONTEIN, 케냐에서도 많이 먹는 니더버그(만델라 취임식에 사용), KWV… 앞으로 남아공 와인을 더욱 애용하게 될 것 같다.

HOUT BAY, 기암절벽과 바다표범 Oct 2023

아름다운 절경을 감상하면서 바다표범의 생태계를 관찰하는 것도 나름 재미있는 시간이다. 훗베이 선착장에서 배를 타고 20분을 달리면 두이커섬에 도착하는데, 조그만 바위섬을 중심으로 집단 서식하는 바다표범들이 빼곡히 모여 있다. 이들의 천태만상도 사람들의 다양한 모습만큼 다채롭다. 어떤 녀석은 사람들이 주는 먹이의 매력에 끌려서 아예 선착장까지 와서 돌아다니기도 한다.

바다표범과 놀다가 항구로 뱃머리를 돌리면 기암절벽과 웅장한 주변의 경치가 모습을 드러낸다. 높은 산이 항구를 병풍처럼 둘러싸고 있어 웅장한 느낌을 준다.

HOUT BAY를 벗어날 때는 산 중턱을 따라 이동하는 도로를 이용하는데, Chapman's Peak는 멋진 경치의 드라이빙 코스로 널리 알려져 있다. 높은 산에서 보는 고즈넉한 마을의 경치와 가파른 산기슭의 속살을 파내어 만든 도로, 차가 달릴 때는 가파른 절벽의 옆구리를 달리는 듯한 짜릿함이 있다. 산의 경사면과 푸른 바다가 만들어 내는 경치 또한 압권이다.

절경 속의 낭만적인 도로 덕분에 TV 광고에 등장하고, 마라톤과 사이클 대회가

열린다. 아찔한 절벽 도로 밑의 바다에 고래가 나타난다. 꼬불꼬불 절벽 길을 달리면서도 운전자의 눈이 자꾸 바다로 향하니 불안하기도...

웅장한 산세를 내려와 이어지는 조그만 항구도시가 Hout Bay이다. 조그만 어촌이지만, 어업으로 번성하고 해산물 맛집이 유명하다. 윈드서핑과 피싱 대회 등 관광산업 덕분에 관광객 발길이 끊이지 않는다. 웅장한 산세와 아침 운무의 조합이 장관이다.

워터프론터와 미항의 매력

Oct 2023

케이프타운의 매력은 자연의 경치 못지않게 다양하게 발달한 문화 생활의 기반이다. 재즈바, 식당, 호텔, 공연장, 박물관, 아쿠아리움까지 활기가 넘쳐 난다. 어쩌면 케이프타운의 제일경은 요트를 타고 와인을 마시면서 음악과 율동을 즐기고, 선셋을 보는 보트여행이라 생각된다.

보트를 타고 나가면서 시내와 테이블 마운틴을 보면(p.146 사진 1열) 아름다운 도시에 매료된다. 멀리서 보아도 뚜렷이 보이는 깎아지른 절벽, 수없이 많은 가로 줄무늬가 나이테처럼 뚜렷하게 보인다. 한 줄을 형성하는 데 천 년이 걸려, 산의 나이가 2.4억 년이라는 설명이 매우 인상적이다. 보트 여행은 사사머리와 시그널 힐(2열 좌측) 등 케이프타운 최고 명소들을 멀리서 한꺼번에 조망할 수 있는 매력이 있다.

시그널 힐에서 본 로벤아일랜드(2열 우측)가 기억에 남는다. 만델라가 18년의 수감

생활(총 27년 수감)을 한 섬이다. 어떻게 이런 고생을 하고 용서와 화해를 통한 과거사 청산을 주장할 수 있을까? 갑자기 만델라 사상에 대한 궁금증이 생긴다.

항구를 떠나면서 도시를 감상하는 것도 멋진 시간이었다. 도시를 벗어나 멀리 떠난 크루즈선에서 먹고 마시면서 떠드는 동안 석양의 시간이 다가왔다. 금빛으로 물들어 가는 일몰의 시간은 모든 생각을 멈추고 시선을 고정하게 한다. 선셋 크루즈선에서 바라본 멋진 케이프타운의 풍광이 오래도록 기억에 남을 것 같다.

7 요하네스버그의 이중성

경제발전이 만든 첨예한 갈등의 현장

Nov 2024

남아프리카공화국의 요하네스버그를 방문하면 두 번의 커다란 충격을 경험하게 된다. 균형을 상실한 왜곡된 경제성장이 어떤 모습인지 한계를 보여준다. 풍요로운 자본주의 사회의 모순을 적나라하게 보여주는 듯하다.

요하네스버그, 현지인이 조벅이라 부르는 남아프리카공화국의 최대 도시이다.

인구가 600만이고 아프리카 대륙의 경제 중심지이다. 황금 생산지로 성장을 시작, 금과 다이아몬드 및 광물 거래 중심지로 도약을 거듭했다. 지금은 자동차 등 제조, ICT, 유통과 금융산업의 중심지이다. 시티 오브 런던이 발표한 국제금융센터 인덱스를 보면 요하네스버그는 세계 50위, 아프리카 대륙 1위 금융센터이다.

시원하게 뻗은 고속도로망과 인프라가 매우 잘 정비되어 있고, 나지막한 건물들이 숲과 잘 어우러져 안정감이 든다. 기온도 건조하고 온화하여(겨울 16도-여름 26도) 도시의 전체적 이미지가 미국의 로스앤젤레스를 연상시킨다. 엔젤들이 사는 풍요의 도시처럼…

1886년 황금 광맥을 발견하면서 돈이 쏟아져 들어왔는데, 얼마나 돈이 넘쳐 났으면 건조한 기후에도 불구하고, 19세기부터 조림을 통해 600만 그루의 나무가 자라는 세계 최대의 인공산림 지역이 되었다. 나무에서 돈 냄새가 나는 느낌까지 든다.

원주민이 사는 작은 마을이 경제 중심지로 성장한 과정도 역시, 미국 캘리포니아의 골드 러쉬를 연상시킨다. 해변의 케이프타운에서 영국군에 쫓겨 내륙의 조벽으로 넘어온 보어(네덜란드계) 사람들이 1853년 트란스발 공화국을 건국하였지만, 여전히 조용한 시골 지역에 불과하였다.

그러나 1886년, 비트바테르스란트(Witwatersrand, 아프리카어로 급류의 봉우리) 황금 광맥이 발견되면서 사람이 몰려들고 경제가 급속히 성장한다. 모든 것이 순식간에 변하기 시작했다. 해안에서 지켜보던 영국이 금광을 접수하기 위해 보어 전쟁(19세기 말-20세기 초)을 일으키고, 조벽 지역을 식민지로 편입시켰다.

문제는 지역의 경제가 급속히 성장하였지만 극소수 백인이 과실을 독차지한 점이다. 흑인과 유색인종에게는 차별과 무시라는 고통만 가해졌다. 흑인과 유색인종의 주거지역 제한, 백인과 유색인 결혼 금지 등 인권을 유린하고, 광부 등 노동자를 학대하는 아파르트헤이트 정책을 실시한 것이다. 이로 인해 유색인종은 거주지 제한뿐만아니라 출입할 수 있는 구역도 제한되고 심지어 야간 통행이 금지되었다. 인종에 따라 교통 수단을 포함한 이용가능한 공공 시설도 분리… 이런 말

도 안 되는 법과 정책이 대명천지, 1994년까지 지속되었다.

지금도 남아프리카공화국에서는 불세출의 영웅으로 통하는 만델라 대통령 이후 흑인정권이 출범하는 등 정치적 변화와 함께 차별법이 폐지가 되었다. 그러나 아직 극심한 빈부격차는 해소되지 않고 있다. 대안으로 흑인우대 등의 정책이 시행되었지만 또 다른 부작용을 낳고 있다. 능력 있는 인재는 사라지고, 일부 정치권력의 축재와 리소스 분배 왜곡, 인프라에 대한 투자 지연 등…

사회구조의 왜곡이 심해지고 갈등의 수위도 올라가고 있다. 범죄율 상승으로 기본적인 생활환경마저 파괴되고 있다. 공항 입구에 있는 적나라하고 섬뜩한 광고문구(자동차 방탄유리)가 방문객을 긴장시킨다.

8 아프리카 시골 풍경

석기시대, 현대문명이 공존하는 나일강변

Feb 2024

우리 신석기 대표유물인 빗살무늬토기를 이집트 농촌에서 발견한 순간 당황스러웠다. 현지 가이드에게 물어보니 ZIR라고 부르는데, 나일강 물을 떠서 채워 놓으면 찌꺼기, 부유물이 가라앉는 간이 정수기다. 지나는 행인들이 누구나 공동 샘물 같이 이용한다. 질그릇이라 시원한 수온이 유지된다고 한다. 룩소르 인근 시골마을 어귀, 많은 사람들이 지나다니는 곳에는 어김없이 빗살무늬토기가 있다. ZIR를 철제나 시멘트 거치대 등에 세워 놓았다. 치즈와 같은 음식물 저장에도 많이 이용한다고 하니 더욱 신기하다.

현대화가 급속하게 진행되는 이집트에서도 원시적인 생활양식의 일부가 남아 있는 모습은 매우 이색적이다. 그러나 시간이 조금씩 지나면서 여러 가지로 원시와 근대가 공존하는 모습들이 눈에 들어온다. 귀엽기도, 무섭기도 한(가까이서 보면) 당나귀 역시 누천년의 역사를 공유하고 있다. 많은 차량들이 다니는 시골길에서 당나귀 수레를 자주 만날 수 있는데, 사탕수수 등을 수확하여 당나귀 수레

에 싣고 이동하는 농부의 모습이 진지해 보인다. 당나귀는 말보다 느리지만 힘이 세고 똑똑하며 상황 판단력이 높다. 험준한 산길에도 짐을 잘 운반하기 때문에 운송을 위해 가축화하였다. 이집트에서는 BC 4,000부터 가축화하였으니 누천년을 인간과 함께했다. 이들 당나귀의 조상은 누비아(수단), 소말리아에 자생하던 아프리카 야생 당나귀인데, 아시아 당나귀는 성격이 고약하여 가축화에 실패하였다. 이집트는 피라미드를 비롯하여 많은 지역에서 종종 낙타를 만나게 된다. 과거에는 낙타 덕분에 북아프리카 사막을 넘어 서부, 남부 아프리카와 교류할 수 있었는데, 낙타 카라반은 사막을 떠다니는 배와 같은 교통 수단이었다. 인간이 낙타를 길들여 사용한 시기는 BC

2,500 즈음으로 알려져 있다. 아프리카, 아라비아, 페르시아 낙타는 혹이 하나인 단봉 낙타(고비사막과 아프간 지역은 쌍봉 낙타), 나일강에서는 여전히 펠루카를 이용하고 있고, 오토바이를 차량으로 개조한 툭툭, 트럭과 기차까지… 과거와 공존하는 다양한 모습이 이채롭다.

이집트가 자랑하는 고가제품의 양탄자 생산을 비롯하여 알라바스타 공예품 제조 등 관광객들이 접근하는 많은 제품의 생산 역시 원시적인 도구를 이용하고 있다.

이집트 농촌을 보면서 유발 하라리가 생각난다. "... 인류사의 큰 변화는 농업 혁명이며, 이후 인간의 삶을 근본적으로 변화시킨 혁명은 없다(유발 하라리)…"

유유자적 케냐 농촌의 모습

Feb 2023

케냐는 세계 최대 차(Tea) 수출국이다. 커피와 화훼, 과일 야채 등 농산물이 풍부한 나라이다. 아프리카는 척박한 지역이며, 농산물이 부족한 것으로 생각하면 큰 오산이다. 특히 물이 많은 빅토리아 호수 주변과 해발 고도가 높은 지역은 강우량이 많아 비교적 삶이 여유롭다.

물론, 북부 지역과 남부 일부는 물이 부족한 사바나 지역이고 유목민이 살고 있다. 따라서 다양한 모습이 공존하고 있는 것이다. 사바나 지역의 사람들은 우기가 제한적이기 때문에 강수시기를 이용해서 눈치껏 농사를 지어야 한다.

그런데, 어디를 가나 아직도 사람의 손에 의지하는 농업 방식이라 농민들의 삶은 고달프다. 낭만적인 이들의 성향 때문인지, 경험하지 못한 풍요의 의미를 몰라서 인

지… 농촌 사람들의 모습은 평온하다. 그리고 삶의 현장은 팍팍하고 고달프겠지만… 멀리서 보는 농촌의 풍경은 여유와 낭만이 흐르는 분위기이다.

시간이 멈춘 아시아인의 나라

Oct 2024

자원이 풍부하고 기후도 좋으며 기름진 땅이 있는데, 그럼에도 어렵게 살아가는 사람들…?

세계에서 네 번째로 큰 섬나라 마다가스카르가 아시아인의 나라이다. 말라가시인의 얼굴 생김새, 체형과 직모 등 모든 면에서 흑인과 거리가 멀고, 동남아 지역 사람의 특색을 강하게 가지고 있다. 신앙도 토착신앙 52%, 기독교 41%이다.

아시아인이라고 하지만, 열악한 생활환경과 사는 모습은 여느 아프리카 국가와 다르지 않다. 순박한 마다가스카르 일반 시민의 보편적 생활환경은 빈민촌을 연상하게 한다. 다닥다닥 붙은 판잣집이 마을을 형성하고 있다. 밤에는 깜깜하여 마을 내에서 불빛을 찾기 힘들다. 우리나라의 50-60년대로 되돌아간듯한 느낌이다.

그나마 도심에 있는 산 정상에 말라가시인을 통치하던 메리나 왕국(1540-1897년)의 왕궁이 눈에 띈다. 왕국의 위엄과 사회 질서를 유지하던 국가의 자부심으로 남아 있다.

마다가스카르는 지금도 논을 가장 흔하게 볼 수 있는 농업 국가이며 세계 최빈국에 속한다. 힘겹게 물자를 운송하는 사람들과 길거리 행상들의 모습이 아주 일반적이다.

최근에는 자원개발과 관광업 및 섬유산업 분야 투자가 확대되면서 경제발전의 기미가 나타나고 있다. 마다가스카르는 인구가 3천만이며, 면적이 한반도의 2.7배로 광활하고 자원이 풍부한 나라이다. 우리나라 포스코 인터 등은 2조를 투자하여 일본 스미토모와 암바토비 니켈광산을 운영하고 있다. 대사관에 따르면 한국인 170명이 살고 있다. 무역업, 자동차 관련과 직물 분야의 사업을 운영하고 있다. 최근에는 한류 바람을 타고 한국의 문화와 음식 등에 대한 관심이 높아지면서 한식당(p.154 사진 2열 좌측) 운영도 활기를 띠고 있다.

고고학자들은 BC 350-AD 550 보르네오 섬에서 카누를 타고 온 오스트로네시아 인들이 마다가스카르 섬의 첫 정착자이며, AD 1,000년경 아프리카 대륙 반투계 민족이 들어와 혼혈이 되면서 말라가시인이 되었다고 본다. 이후 소부족 국가들이 부침하던 중, 섬을 통일한 메리나 왕국이 탄생한 것이다(1540년). 그러나 프랑스가 인도양의 무역이익을 확보하기 위해 메리나 왕국을 침입, 멸망시키고 식민 통치를 하였다(1897-1958년). 지금도 호텔이나 여행 가이드 등 외국인 접점에서는 불어를 (방문자 중, 불어 구사자는 20%도 안 되는 듯한데...) 사용하는데, 왠지 어색하게 느껴진다. 프랑스는 식민지 경제개발을 통해 생활환경 개선과 경제발전, 교육과 문화 수준 향상을 촉진한다고 주장하고 있지만, 외형상의 주장과 현실은(식민 지배자와 결탁한 일부 세력은 혜택을 누리겠지만...) 100% 괴리되어 있어 참담한 느낌마저 든다.

2 대륙의 물류와 대도시 커뮤팅

1 아프리카 철도와 도로망

아프리카 철도의 낭만과 애환

July 2024

아프리카 철도, 역사가 길고 나름 철도망이 잘 정비되어 있지만 지역에 따라 매우 큰 차이를 보이고 있다.

아프리카 최초의 철도는 카이로-알렉산드리아(1856년)이며, 남아공에서는 케이프타운-Port Elizabeth(1876년)로 시작하였는데, 광물과 농산물 등을 실어내기 위한 식민지 경영의 일환으로 시작되었다. 철도 건설에 유럽과 인도 등 외부 인력이 대거 유입되었으며, 건설과정에서 엄청난 희생을 치르기도 했다. 우간다 철도 건설 때 차보 공원 지역에서 인부 130여 명이 사자에 희생되었다.

지중해 연안의 북부와 남아프리카공화국은 꾸준한 투자로 잘 정비된 철도망을 가지고 있는데, 특히 남아공은 다양한 특색을 가진 철도망을 운영하고 있다. 블루트레인은 오리엔탈 특급과 함께 세계 최고의 호화열차이다. 달리는 5성급 호텔로 불린

다. 남아공의 케이프타운-프레토리아(1,600km)를 운행하는데, 영국 식민지 시기에 각국 왕과 귀족들이 즐기던 열차다. 케냐 몸바사와 내륙을 잇는 우간다 철도 역시 영국 왕실, 명사들이 즐기던 열차이다. 19세기에는 명사들이 사파리 모험여행을 좋아했는데, 루즈벨트 대통령도 우간다 철도를 타고 사파리 여행을 했고(1910년), 헤밍웨이도 10개월간 어드벤처 여행을 했다(1933년). 물론 우간다 철도의 건설 목적은 우간다와 케냐 등 동아프리카에서 생산되 농산물, 목재 등을 실어내는 것이다.

잠비아 지역에도 1920년대 전후 목재(티크)와 구리 등 천연자원 운송을 위해 철도가 건설되었다. TAZARA(탄자니아 다르에스살람-잠비아 카피리 음포시, 1,860km)는 구리 운송을 위해 건설한 것이다. 또한 서부 아프리카 철도들, 예를 들어 아이보리 코스트-말리(1,260km), 세네갈-말리(1,286km), 나이지리아-베넹(438km) 역시 풍부한 농산물과 천연자원을 실어내기 위해 건설하였다.

영국이 Cape to Cairo(남아공 케이프타운-이집트 카이로, 11,500km) 철도 건설을 시작했지만 케이프타운-빅토리아 폴(짐바브웨)까지만 건설하고 중단되었다. 식민지 시대 아프리카 철도의 한계는 항구를 중심으로 광물이나 농산물 생산지를 연결하는 데 한정되어 있다. 주요 경제권을 연결하는 철도망으로 발전하지 못한 것이다. 철도의 궤도도 대부분 수송력이 떨어지는 협궤인데 그나마 지역별로 천차만별이다.

아프리카 국가들이 독립한 후, 일부 구간을 사용하고 있지만 많은 구간의 철도는 노후화와 유지 보수 부실로 폐쇄되었다. 애초 각 지역의 균형발전과 성장을 위한 수요를 고려하지 않고 개설한 노선의 한계를 보여주는 듯하다.

그러나 최근 철도망의 중요성이 부각되면서 현대화가 추진되고 있다. 모로코는 고속열차를 운행하고 있으며, 이집트는 건설 중이다. 에티오피아, 남아프리카공화국과 탄자니아는 전동열차를 운행하고 있다. 또한 케냐, 나이지리아와 세네갈은 표준궤도 열차를 신설하여 운행 중이다. 철도 현대화 사업을 가장 야심적으로 추진하고 있는 탄자니아는 우리나라 로템의 차량을 사용하고 있다. 또한 AU(아프리카연합)와 AfDB 주도로 아프리카 역내 인력과 물자의 원활한 흐름을 위해 전체 대륙을 연결하는 철도망의 구축이 진행되고 있다.

2 아프리카 하늘길

아프리카 일상의 비행기 이야기

June 2024

아프리카 정치인과 기업인 그리고 관광객의 공통점은 무엇일까?

여기 저기 비행기를 타고 이동하는 사람들이다.

헉, 아프리카 비행기가 안전할까요?

비행기는 미국, 유럽과 브라질산이고 조종사들도 해외서 훈련을 받은 사람들이라 잘 운행하고 있다.

특히 아프리카의 국립공원을 여행할 때는 〈인디아나 존스〉 영화에 나올법한 소형 비행기를 만날 때가 많다.

공항도 시골지역 구석구석에 자리하고 있어 이용이 편리하다.

케냐에는 대도시, 관광지 심지어 시골 등에 38개 공항이 있다. 다만 국제공항은 큰 도시 5곳(나이로비, 몸바사, 키수무, 엘도렛, 말린디)에만 있다. 나이지리아에도 32개 공항이 있다. 정치인들은 대부분 헬기를 타고 이동을 한다고 하니, 항공수단의 중요성은 짐작할만하다.

아프리카 각국의 항공사들도 우후죽순 생겨나고 있다. 나이지리아에 87개, 남아공에 70, 케냐에 64개 항공사가 있다. 심지어 나이지리아에는 200대 이상의 Private Jet이 운행되고 있다.

물론 주요 항공사들은 몇 개가 안되는데, 아프리카 항공사들의 순위를 보면 에티오피아 항공, 이집트 항공, Royal Air Moroc, Air Algerie, Comair, Kenya Airways, South African Airways 순이다.

저가 항공사도 매우 많다. 케냐에 Jambojet, Fly540, Airkenya Express, Safarilink Aviation, Jetways, African Express, Skyward Express... 남아공에는 Kulula, Mango Airlines, Fastjet, FlySafair... 나이지리아 Arik Air, Air Peace, Dana Airlines, Med-View Airlines, NG Eagle... 탄자니아의 Precision Air 등.

아프리카에는 철도와 도로망이 빈약한 상황이다 보니 비행기 등 항공수단의 발전에 관심이 크다. 에어택시와 드론 등 다양한 항공수단이 발전하면서 아프리카 국가들도 항공분야 기술, 장비와 인프라를 빠르게 흡수할 것으로 예상되는데, 이미 한국의 드론 기업이 케냐에서 테스트 마켓을 하고 있다.

3 시내 교통 수단

아프리카인의 신발 마타투

May 2024

케냐정부 조사결과를 보면, 근로자의 35%는 걸어서 출퇴근을 한다. 그리고 45%는 마타투를 이용하며, 15%는 우버(공유 차량 서비스)나 보다보다(공유 오토바이 서비스) 그리고 나머지는 개인 차량 등 기타 수단을 이용하는 것으로 나타났다. 이를 보면 마타

투가 케냐의 가장 중요한 시내 교통 수단임을 알 수 있다.

마타투는 특정 구간을 계속 반복 운행하는 미니 버스를 말한다. 비슷한 방향으로 가는 사람들을 태우고 아무 곳이나 부정기 승하차를 시켜준다. 우리나라에서는 1980-1990년대 속칭 총알택시가 있었다. 서울역에서 인천 등 특정 지역 이동 경로를 정해 놓고, 택시 좌석에 4명 만석이 되면 출발한다. 손님들이 목적지에 내리고 나면 다시 서울역으로 와서 손님을 기다린다. 마타투는 미니 버스를 이용해서 우리나라 총알택시처럼 정해진 노선으로 가는 승객을 모아 출발하는 것이다.

문제는 버스가 만석이 되어야 출발하기 때문에 승객이 탑승하면서도 언제 떠날지 알 수 없다. 일단 출발을 하면 빨리 목적지에 도착했다가, 다시 돌아와야 하기 때문에 신호위반과 칼치기식 끼어들기 등 난폭 운전의 전형을 보여준다. 개문운행과 무단 주정차 등 교통 무질서의 선봉이다. 기본적인 거리를 가는 요금이 50실링(500원)

정도인데, 현지 소득 수준으로 보면 낮은 가격이 아니다. 비가 오거나 손님이 몰리는 시간에는 가격이 순식간에 올라간다. 좁은 공간에 고객을 차곡차곡 포개듯이 태우니 소지품 분실 등의 문제가 발생하는 사례도 흔하다.

원가절감을 위해 차량도 낡은 중고차를 수입하여 멋대로 개조해 고객의 관심을 끌고, 낡은 차량의 이미지를 희석시키기 위해 차량의 외부는 유명인이나 각종 브랜드 이미지 등 현란한 그림인 그래피티로 장식을 한다. 또한 요란한 음악으로 손님들의 관심을 끌었는데, 지금은 법으로 금지하면서 조용해졌다.

케냐에서는 1960년대부터 시작하여 계속 성장해 왔으며, 2000년대 들어 버스도 마타투로 이용하고 있다. 사실 아프리카 모든 나라에서 이름은 다르지만 마타투 같은 교통 수단을 이용한다. 탄자니아에서는 '달라달라'라고 하는데, 케냐 마타투와 운영 방식은 동일하다. 케냐정부에서는 전통적인 교통 수단이었던 마타투의 문제점을 개선하기 위해 BRT를 도입하고, ITS 기술을 이용해 교통환경을 개선하는 노력도 진행하고 있다. BRT는 고객이 많은 주요 구간에 공용버스가 중간중간 정류장을 정해 놓고 정기적으로 운행하는 체계를 말하는데, 향후 많은 변화가 예상된다.

우버의 진가를 알아보자

June 2024

나이로비를 처음 방문하는 낯선 관광객에게 우버는 최고의 선택이다.

우선, 큰 차 또는 깨끗한 차를 골라서 탈 수 있다. 바가지가 없는데, 운전자가 장난을 치면 우버 회사가 변상해준다. 심지어 안전까지 챙겨준다. 물론 24시간 언제든 원하는 시간과 장소로 콜 할 수 있는 예약도 가능하다.

세계 여러 나라에서 우버를 이용할 수 있지만, 특히 케냐에서 유용하다. 목적지까지 가격이 미리 정해지기 때문에 운전자와 마찰의 소지가 없기 때문이다. 물론 방심은 금물이다. 손님과 운전자의 앱에 추천 경로가 표시되지만, 가끔씩은 운전자들이 엉뚱한 길로 돌아가고 추가 요금을 요구하기도 한다. 그러나 추천 경로와 실제 이동 경로를 우버가 추적, 관리하기 때문에 우버에 클레임을 하면 부당 요금을 환불해 준다.

심지어 운전자가 추천 경로를 많이 벗어나는 경우 안전상 문제가 없는지 승객의 앱으로 메시지를 보내 모니터링을 한다. 항상 치안에 대한 불안을 가지고 있는 케냐 특성상 이런 안전장치는 매우 유용하다. 덕분에 우버를 선호하는 경향이 있다.

요금도 착하다. 소형차 우버를 Chapchap이라 하는데, 최저 기본요금이 100실링(1천 원)이다. 4인승 표준 사이즈 우버를 Uber X라고 하는데 최저 기본요금이 150실링이다. 이외에도 6인승 대형 차량 또는 SUV로 운행하는 Uber XL, 깨끗하고 경험 있는 운전자가 운행하는 프리미엄형 Uber comfort 등이 있다.

나이로비에서 우버를 처음 이용할 때는 Chapchap을 탔었는데 조금은 당황했었다. 소형 사이즈는 좋은데, 외관이 너무 허접하고, 내부는 지저분하고, 곰팡이 냄새가 나는 느낌이다. 어떤 차는 밑을 보면 바닥의 구멍으로 도로가 보인다. 도로가 뒤로 달리는 느낌에 약간의 어지러움까지… 그러나 현지 생활에 익숙해지면서 우버 comfort 등 여러 가지 옵션 선택이 가능하다는 것을 알게 되었다.

그리고 케냐의 공유 차량 서비스 회사는 다양하다. Uber 이외에도 Bolt, Yego, Faras 등이다. 가격에 민감한 사람들은 우버보다 가격이 싼 Bolt 등을 이용한다.

다만, 나이로비시를 벗어나서 교외로 나갈 때는 어려움이 있다. 우버를 타고 갈 수 있지만, 돌아올 때는 우버를 잡기 어렵다. 고객이 우버를 부르고 운전자가 승낙하면 운행에 대한 약속이 성립된다. 그러나 언제든지 어느 일방이 취소할 수 있다. 운전자가 승객의 콜을 받아 태우러 가는 중에 취소를 당하는 경우도 있다. 따라서

콜을 하는 승객이 멀리 있는 경우 콜에 응하지 않는다. 승객을 태우러 가는 중에 콜을 취소당할 수 있기 때문이다. 또한 기껏 멀리 있는 고객을 찾아가서 태웠는데, 가까운 거리를 운행하고 내리면 운전자는 연료비만 낭비하게 된다. 운전자가 승객을 태우기 전에는 목적지가 표시되지 않기 때문에 장거리를 갈 손님도 우버를 잡을 수 없게 된다.

만능 운송 해결사, 보다보다

July 2024

어쩌면 아프리카에서 가장 손쉽게 많이 이용하는 교통 수단이 오토바이일 것이다. 케냐에 200만 대, 동아프리카에 500만 대의 오토바이가 운행하고 있다.

그러나 안전불감증이 심한 아프리카 문화를 적나라하게 보여준다. 서커스단 묘기 같은 기상천외한 오토바이의 모습을 만나기도 한다. 울퉁불퉁한 도로에 산더미 같은 짐을 싣고 달리는 것은 기본, 서너 명이 오토바이 뒷좌석에 앉아 달린다. 심지어 해체된 자동차 앞유리를 오토바이 뒷좌석에서 잡고 있는 상태로 달린다. 그리고 비 오는 날 우산 쓰고 달리는 오토바이, 차량 사이 비집기는 기본, 인도로 그냥 쌩… 보다보다의 낙상사고도 많고, 한동안 범죄의 온상으로 지목받아 기피 대상이 되기도 했다.

그러나 저렴한 가격에(우버 가격의 40%) 많은 고객이 이용한다. 양복 입은 신사, 스커트 입은 여성 고객과 멀쩡한 관광객들이 오토바이 뒷자리에 앉아 떨고 있는 모습을 보면 우습기도 하다. 사실은 교통 혼잡을 피해가는 묘미도 있어 급한 사람에게는 어쩔 수 없는 선택이기도 하다. 많은 수요 덕분에 케냐에 150만의 보다보다 종사자가 있는데, 하루 1천실링 수입이라 투자 대비 괜찮은 수익률이라고 한다.

동아프리카에서 사람이나 짐을 운송하는 자전거와 오토바이를 보다보다라고 한다. 스와힐리어로 모터사이클을 보다보다라고 하는데, 여기서 유래한 이름이라는 설도 있지만, 보다보다가 운송 수단으로 널리 보급된 유래가 있다. 1980-1990년대 케냐와 우간다 국경에서 밀수품 운반을 하면서 확산되었는데, 숙달된 고속질주 전문 라이더가 할 수 있는 일이었다. 그러나 사회가 발전하면서 사람과 화물 운송 수요가 급증하였고, 운송을 원하는 사람을 위한 해결사로 등장하게 된다. 점차 일반 사람들이 오토바이 등을 구매하여 사람과 화물 운송을 시작하면서 확산된 것이다. 이후 공유 운송 수단으로 발전하였는데, 2014년 이후 Safeboda가 성장하면서 스타트업 참여가 늘어나고 Bolt, Uber Boda 등이 가세하며 성장을 거듭하고 있다.

3 역사와 레전드

1 인류의 기원과 문명

인류기원지 아프리카의 모습

May 2024

최초의 인류가 출현한 곳은 어디일까?

고고학자들이 유적을 발굴하고 연구한 결과를 보면 아프리카의 빅토리아 호수 주변 지역이다.

400만 년 전의 것으로 추정되는 오스트랄로피테쿠스의 화석이 케냐와 에티오피아의 접경지역에서 발굴되었다. 그리고 260만 년 전의 올도완 석기가 케냐의 빅토리아 호수 근처에서 발굴되었다. 지금도 발굴작업이 활발하다.

연구결과를 보면 빅토리아 호수 지역이 현생인류의 탄생지이다. 일부 다른 연구에서는 현재의 남아프리카공화국 인근에서 발굴된 유적을 주목하기도 한다. 현생인류의 조상인 호모 사피엔스는 30만 년 전에 출현하여 문명을 발전시키면서 아프리카 내부와 인근지로 퍼져 나갔는데, 아프리카의 많은 지역에 흩어져 있는 암벽화 등이 원시인들의 분포를 설명하는 듯하다.

아프리카에서 탄생한 현생인류가 여타 대륙으로 확산한 계기는 12만 년 전으로 추정하고 있다. 유라시아로 나가면서 인류의 대륙이동이 본격화된 것이다. 그리고 남아 있는 유적을 볼 때 고대문명의 발전을 주도한 곳은 메소포타미아(현재의 이라크와 시리아 지역)와 이집트 문명이다. 메소포타미아 문명은 페니키아인들에 의해 북부 아프리카와 유럽 남부로 전해졌는데, 카르타고(현재의 튀지니)가 활동의 거점이었다. 아프리카와 중동문명의 접점인 쿠시(현재의 수단), 악숨제국(에티오피아) 등도 막강한 무역 왕국이었다

2 무역으로 성장한 아프리카

고대 아프리카의 무역 거점

Aug 2024

이집트

고대 세계 최고의 경제와 문화의 중심지였는데, BC 3,000 이후 중세까지 흔들림 없이 위치를 유지하였다. 지배 체제가 이집트왕국, 그리스와 로마 식민지 등으로 변화해 왔지만, 경제적 위치는 확고하다.

주요 도시는 나일강 유역의 멤피스, 아스완, 룩소르와 알렉산드리아(그리스와 로마 시대)였다.

무역은 농산물과 파피루스 등을 수출하고 금, 목재와 향료 등을 수입했는데, 매우 다양한 품목과 루트를 이용했다. 원거리 지역과도 무역을 하였는데, 시리아와 동남아 열대우림에서 수입한 수지를 고대의 미이라 제조에 사용한 흔적이 남아 있다.

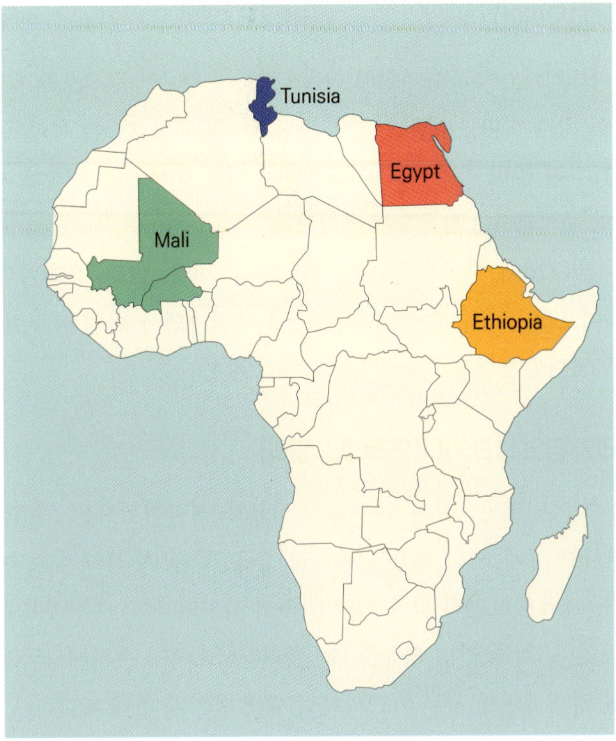

화폐는 금을 사용했고, 세금으로는 관세와 통행세를 징수했는데, 로마 식민지 시기의 세제 기록이 풍부하다.

카르타고(튀니지)

페니키아 상인들이 지중해 무역을 위해 건설하였다(BC 9C). 지중해를 이용하여 중동 및 아프리카 그리고 유럽과의 교역 중심지로 부상하였고, 막강한 군사력을 보유하고 있었다.

중계무역을 통해 다양한 상품을 거래하였는데, 특히 중요한 교역 상품은 lead, 구리 주석, 은과 섬유 등이다.

그러나 지중해 패권을 둘러싸고 로마와 120년간에 걸친 포에니 전쟁에서 패하면서(BC 146) 도시가 폐허로 전락하였다.

악숨제국(에티오피아)

중동인과 아프리카인이 교류하면서 에티오피아에 건국한 것으로(BC 3C-AD 10C) 알려져 있다. 솔로몬 왕과 시바 여왕의 아들이 악숨제국을 건설했다는 설화도 있다. 고유의 문자와 화폐를 가진 문명 국가였고, 지중해와 홍해를 통한 인도무역의 거점으로 한때 페르시아, 로마, 중국과 4대 강국으로 군림했다.

수출품은 상아, 노예, 흑요석 등이다. 수입품은 섬유, 면포, 유리와 철 등이며, 이 외에도 금, 아이보리, 소금, 향신료 등을 중계 무역하면서 번영을 누렸으나, 비잔틴 등에 무역로를 차단당하면서 쇠락의 길로 가게 된다.

서부 아프리카 금의 나라 가나(모리타니, 말리)

가나(AD 5-13C)는 세네갈강의 북부를 중심으로 성장하였으며, 수도는 Numbing Saleh이다. 가나는 금과 구리 등을 수출하고 섬유, 구슬, 무기와 향료 등을 수입하면서 번성하였다. 베르베르인의 낙타 카라반 등이 사하라 사막 종단루트를 개척하면서 물류를 담당하였다. 이후 카넴 왕국(9-19), 말리왕국(13-15), 송가이왕국(14-16) 등이 생겨나고 이들과 경쟁하면서 서부 아프리카의 세력 판도가 변해 왔다.

중세 아프리카 지배자, 아랍 상인

Aug 2024

(유럽의 중세는 로마 멸망 이후 르네상스 시기까지(5C-16C)를 의미)

세계의 무역중계기지 이집트의 이슬람화 과정

고대부터 이집트는 인도양과 홍해를 거쳐 지중해로 연결하는 무역의 핵심 루트였다. 대서양을 이용하는 대항해 시대 이전에는 무역 중심지로 번영을 누리는 무역의 황금기지로 불릴만했다. 그러나 고대 이집트는 페르시아에 정복을 당하면서 시련의 시기로 접어든다. 그리스인이 페르시아 세력을 대체하면서 그들의 지배를 받았고, 이후 로마의 속주로 전락하였다.

아랍의 이슬람이 세력을 확장하면서 이집트를 정복하여 세계무역의 중추적 역할을 담당하고 더욱 번영을 누렸다. 아랍제국(우마미아와 아바스)을 시작으로 파티마, 아이유브, 맘루크 왕조로 바뀌면서 지배체제를 유지하였으며, 투르크가 이집트를 점령하여 지배하기도 했다. 파티마 왕조 이후 카이로가 수도로 부상하고, 알렉산드리아 등이 상업 중심지로 번영을 누렸다. 향신료와 비단, 섬유 등 아시아(동아시아, 중국과 인도 등) 생산품과 금, 아이보리 등 아프리카 상품 그리고 유리, 모직 등 유럽과 중동제품이 모두 모이는 초거대 시장이었다. 세계무역의 주도권을 잡은 아랍은 넘쳐나는 재력으로 십자군의 침입을 물리쳤다. 그러나 대항해 시대 대서양 무역이 발달하면서 무역이 급격하게 쇠퇴하고 침체기에 진입한다.

말리제국(13C), 서부 아프리카 무역의 중심지

아프리카에 금이 쏟아지는 나라가 있었다. 베르베르 상인들이 낙타를 몰고 달려와서 사하라 종단 무역(베르베르 상인의 낙타 카라반)을 통해 북부 아프리카와 유럽 등으로 금을 공급하는 무역로가 정착되었다. 팀북투가 가장 중요한 거점 도시였는데, 니제르 강변에 위치해 있으며, 금과 소금을 실어 나르는 사막 종단 무역의 중심지였다.

얼마나 금이 많았으면 황금의 생산지를 독차지한 말리의 왕 만사무사(Mansa Musa)는 역사상 가장 부자였던 사람으로 알려져 있다. 13세기 말리제국이 이슬람 사원을 건설(진흙 건축물)하였고, 대학을 설립하는 등 종교 학술 문화 중심지 역할을 했으며, 지금도 많은 사료가 발견되고 있다.

스와힐리 제국의 동부 아프리카 해상 무역

아프리카 동부 해안은 천년 이상 아랍 상인이 찾은 무역 루트이다. 1세기부터 그리스, 로마 역사에 등장하고 5세기 이후 아랍과 인도, 페르시아 등 원거리 교역이 활성화되었다. 금, 아이보리 등 동아프리카 특산품을 수출하고, 인도산 의류 등을 수입하여 동아프리카 대륙에 판매하면서 성장하였다. 9세기에는 아랍인 정주가 늘어나고 스와힐리 문화가 형성되면서, 무역 거점을 중심으로 무슬림 도시국가가 형성되었다.

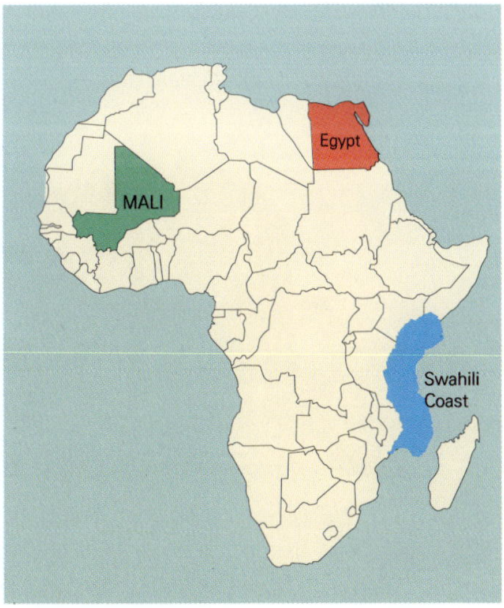

아프리카 토착+아랍의 스와힐리 문화로 발전하고(8-9C), 해안을 따라 있는 주요 도시들은 다양한 물품을 교역하는

도시국가로 발전한 것이다. 스와힐리 코스트로 불리는 스와힐리 문화권은 소말리아에서 모잠비크에 이르는 해안지역이다. 킬와를 중심으로 말린디, Pate, Comoros 등이 있다. 킬와 술탄이었던 Soleiman Hacen이 가장 강력한 지배자였지만, 각 술탄이 각각의 도시국가를 독자적으로 지배하였으며, 사실상 무슬림 상인들의 영향력이 가장 강력하였다. 스와힐리 술탄국들은 금, 아이보리, 용연향, 거북껍질과 코뿔소 뿔, 맹그로브 목재, 농산물 등을 수출하고, 아시아산 섬유와 향신료, 사치품 등을 수입하였다. 그러나 아랍의 상업적 장악력은 포르투갈 중심으로 유럽 해양세력이 등장하면서 쇠락하기 시작하였다.

3 대항해 시대의 대포무역

잔지바르, 무슬림 왕국의 성쇠

Jan 2024

아프리카와 아랍 그리고 유럽의 만남…

오늘날 잔지바르(아랍어로 흑인의 땅)는 아름다운 경관과 여유를 즐기는 세계적 휴양지로 알려져 있다. 그러나 근대사의 변곡점을 말해주는 유적들이 더욱 매력적이다. 근세의 노예와 스파이스 무역 그리고 아랍풍과 유럽양식의 건축물, 언어와 종교 등 모든 생활양식이 변화를 겪고 다양하게 어우러져 있다.

우선 일찍부터 아랍 등과 교역을 많이 한 덕분에 건축물 등에서 다양한 아랍양식

을 볼 수 있다. 건축물의 소재가 목재에서 석재, 진흙, 석회 본드, 코랄 등 다양화되었고, 건축물의 양식도 15세기에는 아랍의 영향을 받아 형성된 스와힐리 양식으로 발전한다. 시내의 다양한 아랍식 건물과 독특한 소재가 흥미롭다. 이 시기에 언어와 종교도 이슬람화가 진행되었다. 지금도 잔지바르가 있는 탄자니아, 케냐, 우간다 등 동부 아프리카는 이때 형성된 스와힐리 언어(아프리카어+아랍어)를 쓰고 있다.

포르투갈(16세기)이 진출하여 무역을 확대하면서 유럽의 영향력이 배어들기 시작하였다. 포르투갈이 막강한 해군력을 앞세워(1503년) 2세기 동안 모잠비크에서 잔지바르 등을 간접 통치(LOCAL KING 존재)하였다. 몸바사의 술탄이 포르투갈인을 살해하는 사건(1631년)이 생기면서 포르투갈 총독이 직접 지배를 시도한 적도 있다. 그러나 스와힐리 엘리트의 지원을 받은 오만의 술탄이(1698년) 포르투갈을 몰아내고 잔지바르 통치를 시작한다. 오만은 수도를 잔지바르의 스톤 타운으로 옮겼으며(1840년) 술탄 사이드 빈 사후(1856년), 술탄 오만, 술탄 잔지바르로 분리된다. 술탄왕국 시기 잔지바르에는 견고한 요새(p.170 사진 좌측)가 세워졌고, 시장이 발달하여(우측 1열) 바닐라(우측 2열) 등 스파이스, 노예무역으로 번영을 누렸다.

그러나 이슬람의 영향력은 여기까지였다. 19세기 후반(1896년) 군사력을 앞세운 독일과 영국의 진출이 시작되었고, 잔지바르는 영국령 동아프리카로 편입된다(1896년). 유럽의 언어와 교육체계, 근대화된 운송, 통신 기술을 비롯하여 유럽 문화가 본격 유입되었다. 이후 이들의 관심이 아프리카 대륙진출로 옮겨가면서, 잔지바르는 역사의 뒤안길로 밀려나기 시작한다.

잔지바르가 이제는 관광, 휴양도시로 변모하여 문화의 중심에서 밀려났지만, 아프리카와 아랍 그리고 유럽의 다양한 문화들이 만나 형성한 복합적인 모습은 아직도

남아 있다. 잔지바르 태생으로 영국에서 활동한 퀸의 리더 보컬 프레디 머큐리는 세계적으로 잘 알려진 명사이다. 시골 마을에서 태어났지만, 세계 각국의 다양한 문화를 경험하면서 잠재력을 키운 것으로 볼 수 있다. 그의 박물관에서는 생애와 영국에서의 활동 등 다양한 모습을 접할 수 있다. 이제 잔비바르는 영어가 통용되고, 달러와 유로화로 기념품을 구입하는 지역이 되었다.

4 식민지의 불평등 경제

아프리카를 여행하다 보면 식민지 경제의 폐해를 체험할 수 있다.

식민지 정책의 일차적 피해는 대항해 시대 이후 유럽 열강의 수탈적 무역구조에서 시작되었다. 대항해 시대에는 무역이익을 취하기 위한 수탈의 범위가 무역 중심지를 기반으로 하는 간접적인 방식이었다. 그러나 18세기 중반 산업혁명이 일어나고, 유럽의 열강이 철도 등을 통해 내륙 깊은 지역에서 자원과 농산물 수탈이 가능해지기 시작한 19세기 후반부터 세계 전역으로 식민지 확장 경쟁이 시작되었다.

아프리카의 경우 식민지를 운영하는 영국과 프랑스 등 유럽국가들이 철도를 부설하면서 천연자원을 실어 내거나 내륙에 환금성이 좋은 농산물을 생산하여 본국으로 가져가기 시작하였다. 그리고 식민지에서 수탈한 자원을 이용하여 생산한 완제품을 식민지 국가들에 독점 공급하여 더 큰 이윤을 챙겼다.

케냐의 경우에도 철도 건설을 계기로 내륙지역에 대농장인 플랜테이션 농업이 시작되었다. 지금도 케냐 1위 수출품목인 차 산업도 이렇게 시작되었다. 1903년 나이로비 인근 리무루에서 차 생산이 시작되어 케냐의 여러 지역으로 퍼져 나갔는데, 지금은 Kericho, Bomet, Nandi 등이 주요 차 생산지이다.

〈Out of Africa〉 영화에도 소개되었던 커피 농장을 비롯하여 설탕 등 국제시장의 수요가 높은 작물을 대량 재배, 수출을 통해 유통을 지배하고, 각종 공산품을 본국에서 수입하는 식민지 경제구조를 형성함으로써 식민지 종주국의 경제적 이득을 극대화하는 구조를 만든 것이다.

게임 체인저 철도 건설

June 2023

영국은 몸바사 항구 상업 이권 개입, 1888년 동아프리카회사의 케냐 진출, 1895년 영국보호령 등을 통해 지배력을 공고히 하고, 농업, 광업, 임업자원 반출을 위해 철도 건설을 시작한다. 몸바사 항구에서 우간다로 이어지는 철도 건설을 1896년 시작하였고, 우여곡절 끝에 1901년에 완공되었다.

이후 이 철도를 기반으로 농지 개발이 본격화되고, 1920년 케냐는 영국정부 직할 식민지가 된다.

백인이(인구 3만) 차(tea), 커피 플랜테이션 농업을 시작하였는데, 지금도 차, 커피 산업이 케냐의 핵심 수출 산업이다. 이때 인도계 철도 건설, 상업, 수공업, 중간 관리자 역할을 담당하기 위한 인력이 대거 진출하였다. 케냐가 독립한 이후 철도 운영권이 계속 변동하였으며, 유지 보수의 어려움으로 점점 쇠락하였고, 플랜테이션 농업도 변화를 겪었다. 그리고 많은 영국인이 본국으로 돌아간 이후에는 인도계 중간 관리자들이 남아서 부동산, 유통 등 경제거점을 차지하였다.

영국의 철도 건설 110년 후, 중국이 새로운 게임 체인저 역할을 자처하며 달려왔다. 중국 차관 30억불(4조 2천억)로, 몸바사-나이로비(578km), 디젤열차 SGR(표준궤) 건설(2014-2017년), 그리고 15억불(1조 8천억)로 나이로비-나이바샤 구간(120km) SGR을 건설(2015-2019년)하였는데… 투자시설의 수요 부족으로 수익성이 나지 않고 있으며, 투자 비용을 상환해야 하는 케냐정부는 투자원리금 상환을 위한 증세 등 몸살을 앓고 있다.

플랜테이션 농장은 지금...?

Feb 2023

케냐에 차 산업이 시작된 것은 1910년이다. 케냐 차 재배의 선구자인 McDonell이 1910년 케냐에서 최초로 차를 상업화한 것이다. 키암베투(Kiambethu)라는 차 농장을 운영하면서 해외 판로를 개척하는 등 계속 발전하였으며, 지금까지 농장을 이어가고 있다. 지금은 창업자의 손녀가 농장을 경영하고 있다.

키암베투는 국면 전환을 위해 새로운 시도를 하고 있다. 립톤을 비롯한 세계 다국적 기업이 막대한 자본을 투자하여 생산과 유통을 장악해 나가면서 소규모 농장으로서는 경영상 한계를 맞이한 것이다. 부가가치를 높이기 위한 가공 공정의 확보 없이, 차를 단순 재배하여 판매하는 것으로는 수익성이 부족하기 때문이다.

나이로비 인근에 위치한 특성을 이용하여 관광 상품화하고 있다. 차의 재배, 수확과 차를 만드는 과정 그리고 광활하면서도 푸르른 차 밭의 경치와 화사하게 가꾸어 놓은 농장의 꽃 등을 관광 상품화하여 사람들의 발길을 유도하고 있다. 영국 식민지 시절 차(Tea)와 커피 플랜테이션 농업이 번성했지만 시대 변화에 적응하여 차의 생산에 집중하기보다는 관광 상품 개발에 나서고 있는데, 대농장의 아름답고 멋진 정원이 관광지가 되었다.

Ⅳ

문화와 생활양식

IV

문화와 생활양식

1 음식과 맛집

1 케냐의 전통 음식

케냐의 맛은 무슨 맛일까?

Apr 2024

우리나라에도 케냐AA 커피가 널리 알려져 있다. 케냐 블랙 티도 맛과 향이 좋아 수출을 많이 하고 있는데, 다와(Dawa: 생강, 계피, 레몬, 클로버 씨와 꿀을 넣어 만든다)라는 음료도 한국인 입맛에 맞다. 감기 기운으로 목이 칼칼하거나 비가 오는 쌀쌀한 날에 마시는 다와 한잔은 피로 해소와 기분전환에 최고다.

음식 중에는 염소 냐마 초마(숯불 바비큐)가 단연 일품이다. 치킨 냐마 초마도 훌륭하고, 램 찹도 먹을만하다. 현지 사람들은 소고기 냐마 초마를 좋아하는데, 한국 사

람들은 별로 반기지 않는다. 케냐는 소는 방목하여 키우기 때문에 육질 등에서 한국과 크게 차이가 나기 때문이다.

맛있는 생선도 있는데, 나이바샤 호수에서 잡히는 아프리카 토종 물고기, 틸라피아 바비큐가 군침을 돌게 한다. 인도양에서 잡히는 게, 랍스터 등 맛있는 해산물이 많이 있다. 아랍계 케냐인이나 외국인들이 회로 먹고, 구워 먹고, 삶아도 먹는데, 케냐 사람들은 해산물을 먹지 않아 우리를 놀라게 한다.

케냐에서 냐마 초마를 먹을 때는 카춤바리(토마토, 양파, 실란트로 등 야채를 썰어 버무린 샐러드)를 곁들여 먹어야 제맛이 난다. 튀긴 감자를 같이 먹으면 더욱 감칠맛이 있어 좋다.

케냐 사람들이 식사로 냐마 초마를 먹을 때는 감자 또는 쌀과 함께 먹기도 하지만 대부분 우갈리를 먹는다. 우갈리는 옥수수 가루를 물로 반죽하여 찐 음식인데, 재료가 다르지만 우리나라 백설기 같은 음식이다. 맛이랄 게 없고 약간 퍽퍽한 식감에 소화가 잘 안 돼서 대부분의 한국 사람은 부담스러워하는 음식이다. 그러나 케냐 사람들은 우갈리를 먹으면 아침까지 배가 든든해서 좋다고 하는데, 음식에 대한 인식의 차이가 큰 것을 알 수 있다. 특이한 것은 케냐 사람들은 우갈리를 손으로 뜯어서 주무르며 먹는다. 외국인이 한국에 와서 젓가락을 사용하는 것을 보면 재미있는데, 나도 케냐 사람들이 권하는 맛에 손으로 주무르며 먹어 보았는데 좀 특별한 느낌이다.

그러나 케냐 사람들에게 냐마 초마는 비싼 음식이고, 일반 서민들에게는 그림의 떡이다. 그나마 잘 챙겨 먹는 저녁은 우갈리와 수쿠마(케일을 잘게 썰어 기름에 볶은 음식) 정도이고, 점심은 차파티(인도의 난 브레드 같은 것)와 기데리(콩과 옥수수, 양파, 토마토 등 다진 채소를 섞어서 볶은 음식) 또는 은넹구(녹두에 토마토, 양파 등 야채를 넣어 끓인 것) 같은 야채류를 먹는다. 간단히 먹는 아침은 조그만 밀가루 반죽을 기름에 튀긴 만다지를 많이 먹는다고 하는데, 미국 사람들이 아침에 도넛이나 씨리얼을 먹는 기분이 아닐지…

종족에 따라 차이는 있지만, 케냐 사람들이 이렇게 부실하게 먹는데, 엄청 덩치가 크고 힘이 센 것은 또 무슨 이유인지 당황스러울 때가 많다.

정리하자면, 대표적인 음식으로는 냐마 초마(Nyama Choma), 카춤바리(Kachumbari), 우갈리(Ugali), 수쿠마(Sukuma), 차파티(chapati), 기데리(Githeri), 은뎅구(Ndengu), 사모사(samosa), 만다지(Mandazi) 등이 있다.

키반다, 나이로비의 패스트푸드

April 2024

케냐 키반다, 우리의 옛날 옛적 향수를 자극…

우리나라, 그 시절(1970-80년대)에는 리어카에서 파는 번데기, 빼떼기와 아이스케키를 길거리에서 먹었다. 붕어빵, 호떡, 도넛, 튀김과 라면은 도랑 위 판잣집에 앉아 먹기도 했다.

1990년대 초 미국에 갔더니, 그 사람들은 맥도날드, KFC 등을 먹고 있었는데…

케냐의 키반다는 현재 진행형이다. 먹는 즐거움을 주며, 민생고를 책임지고 있어 고달픈 서민들이 가장 자주 찾는 곳이다. 나이로비 골목 구석구석에 있는, 갖가지 식음료를 파는 행상들을 키반다라 부른다. 숯불에 옥수수를 구우며 구수한 냄새를 퍼뜨리는 상인(잘 구운 옥수수는 먹을 만하다), 삶은 계란, 소시지와 찐 옥수수를 파는 사각 상자를 앞세운 상인 그리고 파라솔 밑에서 바나나 등 요기하기 편한 과일을 파는 노점상 등 갖가지 형태가 있다.

밀크 티와 바나나 만다지 등 몇 가지 메뉴가 있는 집에서 사람들이 둘러앉아 식사하는 모습을 아주 흔하게 볼 수 있다. 천성이 낙천적인 케냐 사람들의 모습을 느낄 수 있는 장면이다.

만다지의 특성은 식객촌에 가장 잘 나타난다. 아침 출근길에 흔하게 보는 장면 중 하나가 화로에 숯불을 붙이고, 우리나라 호떡을 만드는 것처럼 반죽된 밀가루를 누르고 잘라 나열하는 모습이다. 고객이 오면 기름에 튀겨서 파는 만다지를 만드는 과정이다. 옆집은 숯불을 준비하면서 닭고기들을 손질하느라 여념이 없다. 점심 시간이 다가오면 냐마 초마를 만들어서 우갈리 등과 같이 팔아야 한다.

나이로비 시내 중심 도로에서 간선도로로 들어서는 길목에 이런 키반다 상인들이 집단으로 모여 있는 식객촌이 있는데, 서민들의 민생고를 책임지는 곳이다.

많은 사람들이 모여 대화의 꽃을 피우며 먹고 즐기는 좋은 장소이다. 나이로비에

서는 키반다가 가장 안정적으로 따박따박 수입을 올릴 수 있는 좋은 비즈니스라고 한다. 이미 키반다로 돈을 벌어 대형 식당 건물을 올린 노포 맛집도 있다.

식객촌을 지날 때 구수하고 향기로운 바비큐 향이 날리면 달려가서 먹고 싶지만, 외국인들은 조심해야 한다. 케냐에서 무엇보다 물을 조심해야 하는데, 완전히 익힌 음식은 문제가 없지만, 야채와 식자재를 씻는 과정에서 문제가 생기기도 한다. 서울서 출장 온 사람이 과도한 모험심으로 키반다를 휘젓고 다니다가 배탈이 나서 3일간 호텔 방 신세만 지고 귀국한 사례도…

2 각국 음식을 만나는 낭만 식당

날씨가 양념인 케냐 식당 May 2024

서구식 맛집, 아시아계 편한 식당

나이로비에는 맛과 분위기를 즐길 수 있는 좋은 식당들이 있다. 워낙 좋은 기후 덕분에 아늑하면서도 운치 있는 야외 좌석이 많은 것이 특징이다.

그런데, 세련된 분위기의 맛집은 대부분 서구식 음식점이다. 영국의 케냐 식민지 통치로 음식과 문화 전반에 큰 영향을 미쳤기 때문이다. 이태리도 리비아 식민지 지배, 에티오피아 침공과 2차 세계대전 시 케냐 침공을 통해 경제적 이권을 추구하면서 영향을 미쳤다. 아직도 아프리카에는 유럽계의 많은 비즈니스 이권과 인구가 남아 있다. 또한 미국과 32개 국제기구의 진출로 다양한 퓨전 서양식 음식점이 주류를 이

루게 된 것이다. 이 중 인기 있는 맛집을 보면, Ankole Grill 등 미국음식점, LUCCA, La Salumeria, NICO, La Villa 등 이태리 맛집이 많다.

아랍과 인도계의 아프리카 진출은 워낙 역사가 깊어 다수의 이들 음식이 케냐 음식으로 정착되기도 했는데… TAMARIND 등 아랍식당, Red Ginger, Open House 등 인도식당이 유명하다. 2000년대 중국 투자와 인구가 급증하면서 나이로비에 중식당도 많은데 Le Blossom 등이 깔끔하고 맛집으로 유명하다.

일본의 투자와 기업, 인구도 제법 증가했지만, 의외로 식당은 빈약하다. 오히려

한국 사람이 운영하는 8개 식당이(한식 또는 일식) 있는데, 최근 한류 등의 영향으로 현지에서 인기를 끌고 있다.

레바논계 아프리카 사람이 45만이라고 하지만, 대부분 아이보리 코스트 등 서부 아프리카에 살고 있는데, 나이로비에도 Cedars 등 인기 식당이 있다. 아프리카에 태국계 인구는 리비아를 중심으로 3만여 명인데, 특이하게 Thai Chi 등 인기 식당이 있다. 나이로비에서 가장 전통 있는 호텔인 스탠리 호텔에 있고, 깔끔한 분위기와 태국 음식 특유의 다양한 메뉴 덕분에 다국적 사람들의 발길이 끊이지 않는다.

나이로비에는 에티오피아, 나이지리아 등 아프리카 음식을 제공하는 맛집들도 다소 알려져 있다. 에티오피아 전통 음식인 인제라(injera)와 스튜(Wat) 등은 맛과 향이 강해서 제맛을 느끼려면 시간이 필요하다.

나이로비에는 착석 식당이 2,300개나 있다. 그러나 식재료와 조리과정 그리고 식당 시설 등에 위생상 문제점을 느낄 수 있어 자주 찾기에는 부담스럽다. 오히려 깔끔한 패스트푸드 식당을 찾을 때가 많다.

KFC, 피자헛, SUBWAY 등 외래 브랜드... Artcaffe, JAVA HOUSE, CJs 등 현지 브랜드... 깔끔한 패스트푸드점이 나이로비 대형 쇼핑몰이나 시내 중심가에 어김없이 자리 잡고 있기 때문이다.

케냐인들의 입맛이 서구화되어 인기음식이 피자, 샌드위치, 햄버거, 치즈버거, 프라이드 치킨, 스테이크, 감자 프라이 등이라니… 패스트푸드 식당이 빠르게 늘고 있는 것이 당연해 보인다.

2 전통의상과 복식문화

1 아프리카 전통의상

타잔은 벌거벗고 다녔지만, 세련된 복식 문화가 있다!

Sept 2024

타잔을 비롯해서 서구의 만화 영화를 보고 아프리카인은 헐벗고 다니고, 의복 문화가 매우 후진적인 것으로 선입견을 가지기 쉽다.

그러나 아프리카의 박물관에서 매우 세련된 복식 문화를 접할 수 있다. 서부와 동부 아프리카 등 지역과 종족별로 다양한 디자인과 색상의 의복이 있고 오랜 역사를 거치면서 아시아, 유럽 등 외부 문화와의 교류를 통해 큰 변천을 겪어 왔다. 또한 종교의식 등

특정한 목적의 의상은 매우 독특하기도 하다.

주요 지역별 의복과 특징을 보면 다음과 같다.

ASE OKE는 요루바족(나이지리아) 남성복이며, 가는 줄무늬가 특징이다.

OKENE(P.187 사진 2열 좌측)는 요루바족 여성복이며, 넓은 직조가 특징이다. 여성들을 통해 직조법이 전승되어 왔고, 생산지명에서 직물 이름이 생겨났다.

BAKUBA(1열 우측)와 KUBA 왕국(현 콩고민주공화국)의 전통 복식은 야자나무 섬유로 만든다. 조개껍질 등을 활용해 화려하게 장식하기도 한다.

카메룬의 BAMILEKE족은 귀족 계층을 위한 의상이 발달했으며, 의복에는 계급과 권위를 나타내는 독특한 문양과 장식이 포함되어 있다.

가나에서는 ADINKRA 문양이 들어간 화려한 색상의 줄무늬 의상을 착용하는데, 자수가 놓이기도 하며 종종 KENTE 천과 함께 사용된다. KENTE는 가늘고 긴 줄무늬가 특징인 전통 직물로, 고유한 상징성과 정체성을 지닌 복식이다.

이러한 다양한 아프리카 전통 복식은 “The Murumbi African Heritage Collection”에서 폭넓게 소개되고 있다.

아프리카 의상, 강렬한 원색이 매력 포인트

May 2024

고갱의 그림을 떠올리게 된다.

아프리카의 의상과 국기 및 생활용품들의 색상이 강렬한 원색이기 때문이다.

아프리카 각국의 국기를 보면 RED, GREEN, YELLOW, BLACK 등 원색을 강조한다. 의상을 포함하여 일상생활에서도 이러한 원색을 중심으로 강렬한 배색을 많이 사용한다. 아프리카 전통의상의 패턴과 색상을 처음 접하면 촌스러운 느낌이 든다. 그러나 조금 익숙해지면 공감으로 이어지는 묘한 맛이 있다.

아프리카가 워낙 광활한 지역이라, 지역, 종족별로 다양한 디자인과 색상의 의복이 있지만 대표적인 것을 보면 슈카(Shuka), 키텡게(Kitenge), 캉가(Kanga) 켄테(Kente) 등이 있다. 공통적인 특징은 단순하면서도 강력한 색상의 배합과 패턴 등이다.

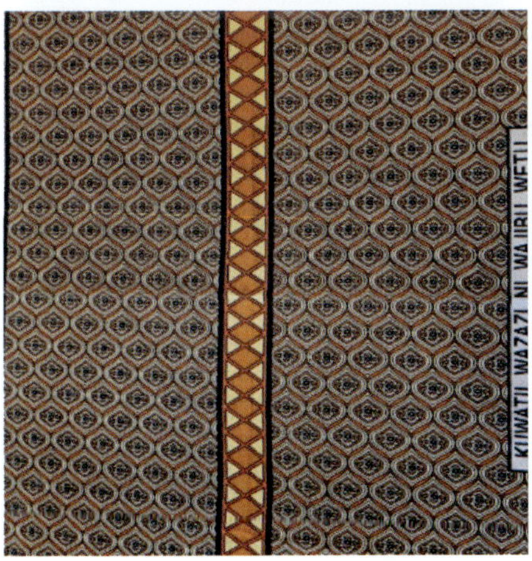

마사이족 전통의상인 슈카(p.189 사진 1열 좌측)는 "African Blanket"이라고도 불린다. 슈카는 어깨너머로 걸치거나, 망토처럼 사용하는 것이 일반적이다. 붉은색, 검은색과 푸른색 체크무늬가 많이 쓰인다. 붉은색은 생명, 강인함, 역동성과 용기를 나타내는 가장 중요한 색이다. 검은색은 신성한 의미를 가지고 있는 중요한 색상이다.

키텡게(1열 우측)는 다양한 패턴과 디자인의 아주 컬러풀한 옷감이다. 키텡게는 의상과 가방, 테이블 보 및 커튼 등 다양한 가정 장식용품을 만드는 데 사용한다. 색상은 붉은색, 노란색, 녹색과 흰색 등 매우 다양한데 원색적인 요소를 이용하여 아주 밝고 화려하게 염색하는 것이 특징이다.

캉가(2열 좌측)는 스와힐리의 영향으로 파급된 직물과 의상이며 4각면을 염색하여 만든다. 앞치마, 스커트, 머리에 감는 두건이나 스카프(Scarf), 숄(Shawl) 등으로 이용된다. 단순한 형태와 다양한 색상의 염색 덕분에 테이블 보 등 가정용품으로 사용되기도 한다. 키텡게와의 차이는 가벼운 소재와 디자인이다. 캉가도 붉은색, 검은색과 흰색 등 강렬한 색상을 주로 사용한다.

켄테(2열 우측)는 서부 아프리카 가나의 아칸족 전통의상이다. 아프리카에서 수천 년 이어져온 직조 기술을 기반으로 탄생하였는데, 면과 비단을 섞어 손으로 짠 줄무늬 옷감이다. 역사적으로 보면 왕족이 고대 로마의 토가처럼 어깨에 걸쳐 몸을 감싸는, 반원형으로 입는 옷으로 사용하였다. 현대에는 특별 기념행사 때 입는다고 하는데, 수요가 늘어나면서 패턴을 프린트한 옷감까지 등장하고 있다. 켄테의 색상과 패턴은 원색적이지만 수백 가지로 복잡한데, 각 패턴마다 이름과 의미가 있다.

우리나라도 전통적으로 색동저고리 등 화려한 색상을 추구하는 면도 있지만, 색상이나 디자인이 단순, 깔끔하며 자연의 색과 식물 등의 문양을 많이 이용하는 특징이 있다.

3 골동품, 조각과 그림

1 무룸비 수집품과 조각

나이로비 갤러리가 보여주는 전통예술품

Mar 2023

무룸비(Murumbi)는 케냐의 2대 부통령이다. 그는 아프리카의 전통 보전을 위해 다

양한 문화 유산과 관련된 골동품 등을 수집하였는데, 지금은 나이로비 갤러리와 아카이브에 전시하고 있다.

나이로비 갤러리는 1913년 건설된 빅토리안 건축 양식 건물이다. 당초 관공서로 사용되었고, 지금은 박물관으로 이용하고 있다. 우선 건물 자체를 1995년 국가 문화유산으로 지정하였으며, 주얼리, 의상, 우드 카빙, 그림, 우표, 무기, 전통공예, 의상과 스와힐리 가구 등 다양한 아프리카의 문화와 생활용품을 전시하고 있다. 또한 무룸비의 일부 수집품은 나이로비 시내의 아카이브 건물에 전시되어 있다. 아카이브에는 무룸비가 수집한 조각작품과 종교적 전통 관련 유물과 사진 등이 전시되어 있어 케냐의 역사를 이해할 수 있다.

고대 아프리카는 세계에 금을 공급하던 황금대륙이다. 고대 누비아가 금으로 유명하였고, 서부 아프리카의 금은 베르베르 상인을 통해 사하라 사막을 건너, 유럽 등 많은 지역으로 수출되었다.

아프리카에서 금을 많이 생산한 것은 아프리카인들이 금을 좋아했기 때문으로 볼 수 있다. 고대부터 금은 권위와 부의 상징이었다. 대표적인 사례는 고대 이집트 파라오를 들 수 있다. 황금 마스크를 비롯하여 많은 금 부장품들이 있다. 아샨티 왕국에서는 황금의자 전설도 전해지고 있다.

AD 700-1600 금의 위력 덕분에 가나, 말리와 송가이 등 왕국이 탄생하였으며,

1400-1500년대에는 아프리카가 세계 최대 금 공급지였다. 가나 왕국은 Land of Gold로 알려졌으며, 말리왕국은 당대 세계 금의 70%를 공급하였고, 말리왕 만사무사가 최대 황금 보유자로 역사상 최고의 부자였다는 말도 있다.

아프리카의 상아 역시 중요한 수출품이었는데, 고대 그리스 로마 시절에는 아프리카 상아가 유럽, 중동으로 수출되었다. 서부 아프리카 상아는 사하라 사막을 건너, 유럽으로 갔고, 동부 아프리카 상아는 해안을 따라 중동, 아시아로 수출되었다. 근대에는 유럽이 아프리카 상아를 싹쓸이해 갔는데, 아프리카에서 800-1,000톤의 상아를 가져갔다. 상아의 가격이 다이아몬드와 같은 고가였기 때문에 물불을 가리지 않고 약탈을 한 것이다. 상아는 당구공, 피아노 건반 등 사치품 제조와 예술품, 장식품 제조에 쓰여 항상 귀한 대접을 받고 있기 때문이다.

고대 아프리카는 금과 귀금속 및 상아 등을 화폐로 사용하였는데, 최초의 화폐는 Cowries Shells이며, 소금, 직물과 구리 및 철 그리고 귀금속과 코인 등을 화폐로 사용하였다.

나이로비 갤러리에서 아프리카의 금, 상아와 고대 화폐를 만날 수 있다.

아프리카인의 문신과 탈

Sept 2024

왠지 우리는 아프리카의 탈을 생각하면 공포감 같은 것을 느낀다. 그리고 대부분 아프리카인들이 얼굴에 탈을 쓰고 문신 투성이로 다닐 것이라는 이미지도 가지고 있다. 다양한 미디어를 통해 아프리카의 탈과 문신을 공포스러운 분위기로 소개하였기 때문일 것이다.

그러나 현대의 아프리카 사람들은 문신을 많이 하지 않는다.

일부 미발달 지역의 종족이 타투로 유명하지만, 얼굴이나 몸의 타투는 종교적 의미, 종족과 신분 그리고 미적 감각의 다양한 표현이다.

그리고 탈, 마스크는 초자연적, 영적 힘을 상징하는데, 과거 조상이나 신화적 영웅을 나타내는 등 종교적 목적에 주로 사용하였었다.

장신구에 등장하는 깃털도 고귀함의 상징이며, 깃털 모자는 왕이나 지위 있는 귀족이 사용한다. 이와 같이 아프리카 장신구의 특징은 멋을 부리기 위한 장식 기능뿐만 아니라 종교적 신념과 사회적 지위 등을 나타내는 복합적 의미를 가지고 있다.

현대에도 많은 사람들이 이용하는 목걸이는 사회적 신분을 나타내는데, 특히 구

슬 목걸이(Bead necklace)는 높은 지위, 부를 강조하는데, 전통적으로 Bead는 조개껍질, 돌과 뼈 등으로 만든다. 귀걸이는 부의 상징이며 행운을 의미한다. 소재는 Bead, wood, feather, Metal을 이용한다. 세계에서 가장 오래된 주얼리가 아프리카에서 발견되었는데, 14만 년 전 제작한 mollusk shell beads이다(2014, 2018년 모로코에서 출토).

나이로비 갤러리에 가면 다양한 아프리카의 탈, 문신 등에 대한 전통을 이해할 수 있다.

인류 발원지 아프리카 조각

Sept 2024

아프리카의 여러 박물관을 방문할 때 공통적인 특징 중의 하나가 원시적 예술품이다.

다양한 암벽화를 접할 수 있으며 조각과 마스크 등의 예술품을 만날 수 있다.

아프리카에서 가장 오래된 조각작품은 진흙으로 만들었지만, 조각작품의 소재로 흑단, 티크와 마호가니 등 나무를 가장 널리 사용하였다. 이외에도 구리, 철과 상아 작품들도 많이 있다.

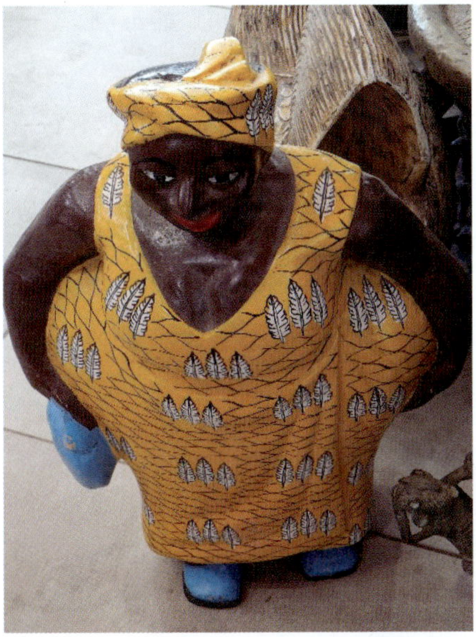 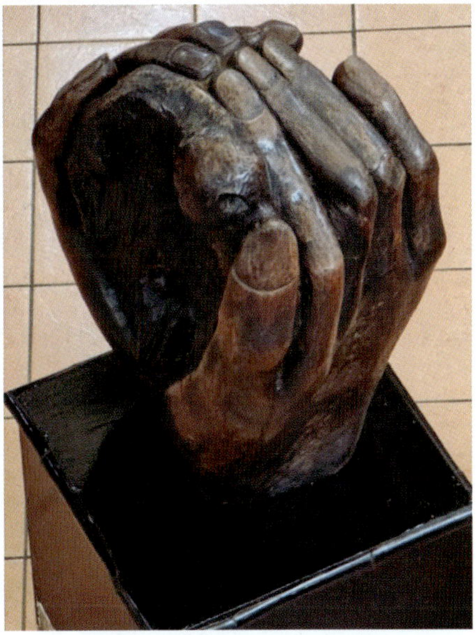

아프리카 조각은 오랜 역사 속에 다양한 주제를 보여주고 있는데, 사람을 나무에 조각한 작품이 많다. 신과 영웅에 대한 경의를 표현하는 종교 또는 영적 의미 그리고 중요 이벤트와 대중 예술의 목적으로 만든 작품들이 대부분이다.

아프리카 조각의 감상 포인트는 나무, 메탈 등 소재를 다루는 테크닉 그리고 작품의 상징성과 디자인, 문자, 색상의 의미 그리고 날카로운 각진 부분 등 제작기법의 특성에 대한 관찰 등이 있다.

2 아프리카 그림

가장 아프리카다운 그림

Oct 2024

아프리카의 많은 화가들이 깊이 있는 예술성보다는 관광객을 타깃 고객으로 하는 상업성에 치중해 왔다. 그리고 사자, 코끼리, 버팔로, 코뿔소와 표범 등 BIG5를 비롯하여, 화려한 꽃과 나무 등 자연과 함께 사람들과 도시의 모습까지 사실적인 소재를 주로 다루고 있다. 그림의 분위기는 사물의 특징을 순수하게, 유머스럽게, 때로는 풍자적으로 그리는데 매우 강렬하고 화려한 색상이 특징이다.

강렬한 원색으로 아프리카 여인들의 생활상을 그린 고갱의 그림이 인상적이었는데, 그의 작품은 오히려 톤 다운된 느낌이 들 정도이다.

탄자니아, 케냐 등 동아프리카의 "Thingathinga"라는 그림은 masonite(목재를 압축한 섬유보드)에 자전거 페인트(bicycle paint) 등을 이용하여 강렬하고 화려한 색상으로 그린 작품들이다. 관광객들의 관심을 끌기 위해 시작한 상업용 그림이지만, 나름 지역적 특색을 잘 살려 널리 알려지게 되었다.

많은 현대 화가들이 캔버스에 아크릴 등 세련된 재료를 사용하고 있지만 여전히 아프리카의 다양한 모습을 주요 소재로 이용하고 있다. 최근에는 사실과 추상적 관점을 믹스하고 상징주의적 기법을 가미하기도 한다. 또한 높은 채도의 강렬하고 밝은 색상을 이용하는 표현주의적 작품들이 인기를 끌고 있다.

아프리카 그림의 글로벌 시장 나들이

AI에게 세계적인 아프리카 화가들을 물어보면 William Kentrige, Julie Mehretu, Michael Armitage, Wangechi Mutu 등 계속 나열해 준다. 혁신적 예술성과 영향력이 있는 작가들이며, 각국의 많은 콜렉터들이 그들의 작품을 소장하고 있다. 아프리카 그림에 대한 각국 예술 애호가들의 관심을 알 수 있다.

나이로비에서는 이들과 같은 유명 예술가가 되기 위해 처절하게 노력하는 수많은 사람들을 만날 수 있다. 나이로비의 골목마다 그림을 파는 조그만 가판대들이 있으며 곳곳에 갤러리가 있다. 주요 쇼핑몰에서는 수시로 기획전이 있어 다양한 작가를 접할 수 있다.

내가 접해본 작품 중에는 조셉 카툰(Joseph Cartoon)의 작품이 인상적이었다. 그의 작품은 화려하고 강렬한 색상이 특징이다. 아프리카 여인의 일상에서 영감을 얻어 반추상의 스토리텔링 형식으로 작품을 그리는데, 강한 상징성의 이미지를 밝고 화려하며 복잡한 패턴으로 그려낸다.

또한 아프리카 시골과 서민 생활을 편안하게 담아낸 사무엘 응조르게의 작품도 관심을 끌기에 충분하다. 밝으면서도 채도가 높은 강렬한 색감을 사용하고 추상적인 관점에서 형태와 패턴, 색채를 재구성하는 표현주의적 기법으로 사람들의 감정, 흥미와 호기심을 자극하는 작품으로 유명하다. 카툰과 응조르게는 자신만의 창의적인 작품을 추구하고 혁신적인 기법을 사용하는 공통점이 있다. 이들은 케냐의 Banana Hill Art Group에서 활동한 작가들이며 북미, 유럽과 아시아의 작품 전시회에도 활발하게 참여한다.

4 아프리카(케냐) 영화

1 아웃 오브 아프리카

Out Of Africa, 기억나세요?

May 2023

유럽 열강이 아프리카 식민지 경영을 할 때 대박을 노리고 아프리카에 투자한 유럽 사람들이 큰 돈을 벌었을까?

아프리카 드림을 좇아 케냐 농촌에 투자했던 덴마크의 부호의 이야기가 많은 시사점을 던져주고 있다. 카렌 블릭센은 대박을 노리고 플랜테이션 커피 농장을 경영하며 어척스럽게 일하며, 현지 사람과의 동화를 위해 끊임없이 그들을 교육하고 협력하면서 현지화를 추구하였다. 그러나 전 재산을 날리고 아프리카에서의 추억만 가지고 귀국하게 된다. 카렌 블릭센이 아프리카에서 폭망했지만, 자전적 소설을 쓴 것이 대박이 나면서 다시 탄탄한 삶의 기반을 되찾았다고 한다. 그리고 그녀의 소설에 기반한 영화까지 등장했는데, 바로 〈Out of Africa〉이다.

아프리카의 웅장한 자연과 혹독한 야생의 모습, 아프리카의 독특한 문화를 배경으로 하고 있다. 주인공 카렌이 겪는 기구한 운명, 시련에 굴하지 않는 일에 대한 집념과 열정 그리고 사랑을 그려낸 로맨틱 드라마이다. 야생의 특성을 멋진 영상으로 담아내면서 음악의 조화까지 가미하여 몰입감이 있고 시청자들이 긴장의 끈을 놓을 수 없게 만든다. 덕분에 아카데미 작품상, 감독상, 미술상, 음악상 등 7개 부문을 수상한 작품이다.

나이로비 응공산 인근에 그렇게 오래지 않은, 1931년 카렌 블릭센이 살던 집(1열 좌측)과 가구(1열 우측), 부엌의 소품(2열 좌우측)과 당시 농장에서 사용하던 장비(3열 좌측)가 아직 남아 있는데, 지금은 박물관으로 이용하고 있으며 여전히 많은 관광객이 찾는 단골 코스이다. 커피 농장은 골프장(3열 우측)이 되었다. 주변지역이 이제는 부호들의 고급 주택단지로 탈바꿈하였다. 초기 커피 농장주들이 시련을 겪었지만, 이제는 케냐AA 커피가 유명세를 타고 고가에 판매되고 있다. 커피 농장과 주변의 땅값도 천정부지로 올라 금싸라기가 되었다.

Out of Africa 촬영 무대

May 2023

〈Out of Africa〉 영화에 식민지 시대 건설한 철도와 주요 시설 그리고 명승지가 대거 등장한다.

밤에 기차를 타고 이동하는 모습이 영화의 첫 장면인데, 이 기차는 영국이 건설한(1901년) 협궤 철도이고, 아직 이 철도가 운행 중이다. 카렌의 집은 이제 박물관으로 이용 중인데 영화 촬영은 인근의 다른 저택을 이용했다고 한다.

영화에 등장하는 무타이가 클럽(1913년)은 영국식 건축미와 전통을 느낄 수 있는 멋진 건물(p.201 사진 1열)이다. 내부에는 다양한 소품이 있고 지금도 명문 사교 클럽이다. 영화에서도 남성 귀족들이 만나고 놀던 곳이며, 카렌이 처음 갔을 때는 클럽에서 쫓겨났지만 덴마크로 떠나기 전 초청을 받아 위스키를 한잔했던 곳이다.

나이바샤 호수의 크레센트 섬(2열 좌우측)에 와일드 라이프 촬영을 위한 스튜디오가 있었는데, 촬영장에 데려다 놓은 동물들이 번식하여 이제는 사파리 관광지가 되었다. 기린, 얼룩말, 임팔라와 가젤 등이 뛰어놀고, 학과 펠리칸 등 야생 조류까지 넘쳐난다. 광활한 초원에서 보는 킬리만자로 산(3열 좌측), 케냐산과 웅장한 리프트 밸리 그리고 마사이 마라도 몇 차례 등장하는데, 마라강 하마가 살짝 보이다 강변에서 샴푸하는 장면이 나오고, 아프리카 아카시아가 있는 광활한 사바나 초원이 펼쳐진다.

경비행기에서 보는 주인공의 눈을 통해 줄줄이 명승지를 소개하는 장면도 있다. 홍학 떼가 비상하는 장면이 있는데 나꾸루 호수(p.201 사진 3열 우측)이고 애버데어 산의 폭포까지 등장한다. 케냐의 자연이 아름답지만, 영화 속에서는 촬영술을 이용한 오묘한 분위기까지 가미하여 아주 매혹적인 분위기를 자아낸다. 어쩌면 영화 감독은 마술사 같다는 생각도 든다.

2 라이온 킹

아프리카 야생의 냄새가 백미

Apr 2024

〈라이온 킹〉은 사자들의 집안 싸움 이야기이다. 동생이 형을 살해하여 왕위를 차지하고, 왕의 아들이 후에 복수하는 햄릿의 줄거리를 야생들의 세계에 차용한 스토리라고 한다. 사자들의 세계에서 세력교체는 자연스러운 모습이다. 수사자가 암사자들과 이들의 새끼들을 거느리고 사는데, 일단 대가족의 장이 되면 암놈이 사냥 등 모든 일을 하니 수사자는 먹고 자고 놀기만 한다. 외부의 영역 침입자가 있을 때 가서 혼내는 정도가 역할이다.

그러나 능력 있는 다른 수사자들은 기회만 오면 대가족 장을 몰아내고 암사자들

을 가로채서 새로운 가족을 구성하는 것이 야생이다. 〈라이온 킹〉 영화에서도 무파사가 스카에게 죽임을 당하고 다시 심바로 이어진다.

물론 스카가 자력으로 가장의 자리를 차지하는 게 아니라 하이에나와 모의하여 누(wildebeest) 떼를 이용하여 무파사를 죽이는데, 재미를 더하기 위한 영화의 스토리일 뿐이다. 그렇지만 느닷없이 하이에나가 등장하는 것은 아니다. 하이에나(사진 좌측)는 수시로 새끼 사자를 공격한다. 하이에나가 수적으로 우위인 경우 사자를 공격하는 습성도 있다. 다른 포식자가 사냥한 먹이를 빼앗는 것은 다반사여서 사자의 적수로 영화에 등장한 것이다.

이외에도 영화에 등장하는 야생들의 특성이 매우 재미있다. 누 떼(사진 우측)는 겁 많은 초식이지만, 대규모 집단 생활을 한다. 일 년에 네 번 먹이를 찾아 이동하는데 스피드와 파워에 거침이 없다. 사자 아니라 어떤 자도 낙오자가 아니면 공격이 불가한 수준이니, 다른 측면에서 최고 전투력을 가진 야생을 소개한 느낌이다. 대가족을 거느린 사자와 하이에나, 누 떼의 모습은 마사이 마라에서 적나라하게 볼 수 있다. 특히 1백만 마리 이상의 누 떼가 8, 9월 마사이 마라에 몰려들면 진짜 장관이다. 가이드가 라이온 킹에 등장한 장소라고 설명하는 곳들이 있다.

근데, 정글에서 도망친 심바가 힘을 길러 복수하는 장면은 좀 색다른 측면이 있다. 〈타잔〉과 같이 야생의 생리를 뒤죽박죽 섞은 느낌이다.

심바가 라피키, 품바와 티몬 등의 도움을 받아 사자의 왕으로 복귀하는데… 친구라는 의미의 라피키는 원숭이(p.204 사진 1열 좌측)인데 제사장이니 무속 신앙적 리더십이 중요한 아프리카 관념상 의미 있는 선택이다. 동양에서도 원숭이가 손오공이라는 이름으로 현장의 첫 제자로 등장할 정도로 지혜로운 동물이고, 서열과 계급이 중요한 점은 사자들의 생태와 비슷한 측면도 있다.

품바는 혹멧돼지(사진 1열 중간)인데, 한국 사람이 삼겹살 좋아하듯이 사자들이 즐기는 별미라고 한다. 사하라 이남 아프리카에 살고, 달리는 속도가 시속 50km로 빠르고 지구력도 있어 포식자들도 잘 따돌리기로 유명하다. 마사이 마라에서 만난 품바는 계속 달리고 달려서 사진을 찍기 어려울 정도였다.

티몬은 미어캣(1열 우측)인데, 겁이 많고 약삭빠르며 땅굴에 산다. 두 발로 서서 햇빛을 받으며 경계를 서는 모습이 특징이고 귀엽다. 몸길이 50cm, 몸무게 1kg에 불과하지만 육식동물인데, 개미 등 곤충은 물론 쥐나 심지어 뱀을 잡아먹는다. 여왕을 중심으로 30여 마리가 집단 생활을 하는데 위계질서가 엄격한 동물이다. 원숭이, 혹멧돼지는 국립공원에서 흔히 볼 수 있으나 미어캣은 예민해서 좀처럼 보기 어렵다.

티몬과 품바가 심바의 심기일전, 의지를 키워주기 위해 부르며 등장한 노래, '하쿠나 마타타(아무 문제 없다)'는 케냐의 유명한 팝송인 잠보 브와나(1982년, Them Mushrooms)와 유사한데, 아프리카 야생의 이미지 조성에 크게 기여한 느낌이다.

영화의 마지막 장면에 심바가 프라이드 락(2열 좌측)에 올라 많은 야생동물을 내려다보는 장면이 나온다. 케냐 나이바샤의 헬스게이트에 있는 프라이드 락과 계곡의 이미지를 모티브로 활용했다는데… 비슷한 느낌이 있지만 확 와닿지는 않는다.

3 정글의 왕 타잔

아프리카에 가본 적이 전혀 없는 사람이 쓴 아프리카의 이야기가 전 세계 사람들을 열광시켰다.

〈타잔(King of the Jungle, Tarzan)〉은 정글의 모습을 아주 재미있고 흥미진진하게 묘사하여, 아프리카 정글에 대한 호기심과 상상력을 우리에게 심어주었다. 미국 소설가 에드거 라이스 버로스의 소설 "타잔"을 디즈니사가 제작한 장편 애니메이션이다. 1999년 개봉되어 전 세계 사람들, 심지어 아프리카 사람들까지 열광시켰다.

아이러니하게 버로스는 아프리카를 방문한 적이 없고, William Mildin의 실화를 모티브로 소설을 쓴 것으로 알려져 있다. Mildin은 아프리카 해안에서 배가 난파하여 11세에 밀림에 남았는데, 원숭이(유인원)와 함께 살았고, 15년 후인 26세에 탐험가가 발견하여 문명세계로 돌아온 사람이다.

아프리카의 콩고강 유역이 가장 광대하고 유명한 정글 지역이라 타잔의 무대로 생각된다. 르완다와 우간다 접경지역에 고릴라가 살고 있는데, 고릴라가 사람들과 놀아줄 정도로 친밀하다고 한다. 얼핏 생각하면 타잔의 이야기가 허무맹랑하지만은 않은 것 같기도 하다.

4 킬리만자로의 눈

"나는 하이에나가 아니고 표범이고 싶다. 산정 높이 올라가 굶어서 얼어 죽는 눈 덮인 킬리만자로의 표범이고 싶다". 가왕 조용필의 노래 가사이다.

"마사이족은 산의 서쪽 정상을 신의 집이라 부른다. 산의 정상 부근에 바짝 말라 얼어붙은 표범의 사체가 놓여 있는데…" 헤밍웨이의 소설 "킬리만자로의 눈"에 나오는 대목이다. 모험심이 강했던 헤밍웨이는 케냐 암보셀리에 체류하면서 소설을 집필한 것으로 알려져 있다.

그레고리 펙을 출세시킨 유명 영화가 〈킬리만자로의 눈〉이다. 헤밍웨이 소설 "킬리만자로의 눈"을 영화로 제작하였는데, 그레고리 펙이 주연으로 열연한다. 줄거리는 기자 출신 소설가 해리가 아프리카 오지 여행을 갔다가, 킬리만자로 산기슭에서 죽음을 맞이하면서 과거를 회상하는 이야기이다. 영화를 통해 아프리카의 사파리와 사냥 등 야생을 체험할 수 있으며, 신비로운 킬리만자로 산에 대한 강한 이미지를 가지게 된다.

V

자연이 주는 돈벌이

V

자연이 주는 돈벌이

1 커피와 차

1 세계인이 사랑하는 케냐 커피

케냐AA와 한국인의 커피 사랑

Apr 2023

케냐는 에티오피아 및 우간다 등과 함께 아프리카의 주요 커피 생산국이다. Dorman, Jabali 등 케냐 커피를 한국으로 수출하는 기업들에 따르면 최근 한국으로의 수출이 계속 증가하고 있다고…

그러나 케냐의 커피 수출 여력에 의문이 있다. 케냐는 커피 소량 생산국(세계 커피시장 점유율 0.5%)이기 때문이다. 80만 소규모 농가(3천 개 대형 농장)에 생산을 의존하고 있어 기술 개발이 어렵고 단순 수작업에 의존하는 구조이다. 다만, 케냐의 차(tea) 생산 농가들이 커피 생산으로 전업을 하여 생산력 확대를 예상하는 측면도 있다.

케냐 커피는 인기가 있어 투자를 유발할 여력도 있다. 케냐 커피는 최고 품질의 싱글 오리진 스페셜티로 유명한데, 케냐산(Mt. Kenya), 엘곤산(Mt. Elgon), 카시이(Kasii), 나꾸루, 키암부 등이 유명 산지이다. 아라비카 품종의 식생에 적합한 붉은색 화산재 토양, 해발 1,500m 이상의 고도와 15℃의 날씨 등 기후 조건이 최적이어서 양질의 커피가 생산되고 있다.

케냐산 커피 선호 국가는 한국, 벨기에, 독일, 미국 등이다.

그런데 당황스러운 것은 정작 케냐인은 커피를 마시지 않는다는 사실이다. 커피 회사를 운영하는 기업인과 커피 생산 농가의 기술자들도 커피가 아니라 티를 마시는 모습에 당황하게 된다. 심지어 케냐의 정부 또는 주요 기관을 방문할 때 커피를 요청하면 네슬레 인스턴트 커피를 가져온다. 커피 주요 생산국 같지 않은 분위기가 매우 어색하다.

그러나 최근 JAVA HOUSE, 스프링 밸리와 같이 맛있는 커피 그리고 분위기 있는 커피점이 증가하고 있는데 본토에서 느끼는 케냐 커피 맛은 특별하다. 특히 이들은 맛있는 커피를 엄선하여 로스팅 하는 기술로 인기를 끌고 있다. 한국계 커피점인 CONNECT COFFEE의 성장세가 반갑기도 하다. 특이한 것은

NO STARBUCKS라는 점.

Artcaffe, BARISTA & CO 등은 커피도 판매하지만, 워낙 다양한 식사 메뉴에 가려져 있어 패스트푸드를 파는 식당의 이미지로 변모해 가고 있다.

케냐인의 손맛으로 우려내는 커피

Apr 2023

케냐의 커피 생산, 처음부터 모든 게 노동집약적이다.

우선 커피나무가 문제이다. 케냐는 스코틀랜드에서 개발한 수종(SL28)으로 커피 재배를 시작했는데 병충해에 약한 약점이 있었다. 이를 극복하기 위해 자체적으로 RUIRU 수종을 개발했는데 뿌리가 약하다는 다른 약점이 있다.

두 가지 수종의 약점 보완을 위해 뿌리는 SL, 몸체는 RUIRU, 즉 두 가지 수종을 접붙이기해서 사용한다. 따라서 커피나무 생육이 복잡하고, 농기계 사용이 어려운 문제점이 있다.

또한 잘 익은 커피 수확을 위해 많은 사람들이 수작업으로 일을 하고 있다. 일일이 손으로 따서 날라야 한다. 그리고 체리 껍질은 기계로 벗기지만, 물에 숙성을 시키는 작업과 물을 빼내고 원두를 말리는 작업 등 전체 공정이 수작업이다.

재주는 곰이, 돈은 왜 ○○이 가져가나?

June 2023

비엔나, 카푸치노, 더치커피… 왜 커피에 죄다 유럽식 용어가 붙어 있을까?

커피 생산이 전혀 없는 유럽이 커피계를 주름잡기 때문이다.

이는 케냐를 비롯하여 커피 생산 개도국들의 공통적인 고민이다. 많은 이유가 있겠지만, 케냐 내부에서는 유통구조 왜곡을 가장 많이 지적하고 있다.

1) 카르텔이 독점이윤을 차지하고, 생산자는 개털이다.

영국이 케냐를 식민지로 지배할 때 특이한 경매제도(p.213 사진 1열 좌우측)를 도입

Coffee farmers ask Ruto to save the sector from cartels

하였다. 마케팅 에이전트(생산자 대리)와 낙찰을 받아 해외로 수출하는 업자가 경매에 참여하는데, Neumann, ECOM, Dorman(2열 좌우측) 등 소수의 유통업체들이 마케팅 에이전트이면서 수출업자이다. 같은 회사가 사고, 파는 과정에 참여하기 때문에 자연스럽게 담합하는 구조가 되며, 여기서 가격을 마음대로 조정할 수 있다. 커피 생산자들은 이들을 커피 카르텔로 보고 비난하고 있다.

2) 대형 유통망의 구매력이 시장을 지배하고 있다.

미국, 유럽의 대형 커피 회사들이 원두를 수입하고 로스팅(p.214 사진 1열 좌측)을 거쳐 소분하여 판매하는 경우가 일반적인데, 이들이 강력한 구매력(Purchasing Power)을 이용하여 가격 수준을 좌지우지하고 있다.

3) 그러나 소비자 입맛을 조작하는 마케팅 능력이 선진국 기업의 가장 강력한 무기이다.

이태리는 강배전 후 지방성분인 크레마를 조합하여 맛을 내는 익스프레스, 카

푸치노를 개발하여 폭넓은 소비층을 확보하고 있다. 오스트리아 비엔나도 마케팅을 통해 소비자 입맛을 길들인 사례이다. "악마는 디테일에 있다"는 말이 있다. 엄청난 노하우와 기술을 이용하여 미세한 커피의 맛을 잡아낸 덕분에 고가에 판매할 수 있는 것이다.

4) 맛있는 커피를 만드는 데 필요한 브루잉 기계와 장비는 미, 일, 유럽 제조강국들이 더욱 확실히 장악하고 있다.

싱글 오리지널 스페셜티 커피

Apr 2023

우리나라에서도 테라로사 등 유명 커피점에 가면 특정 지역의 맛난 커피를 판매한다. 즉 싱글 오리지널 스페셜티 커피 판매가 급속히 증가하고 있다. 커피는 기호 식품이며 독특한 맛과 풍미가 소비자의 지갑을 열게 한다.

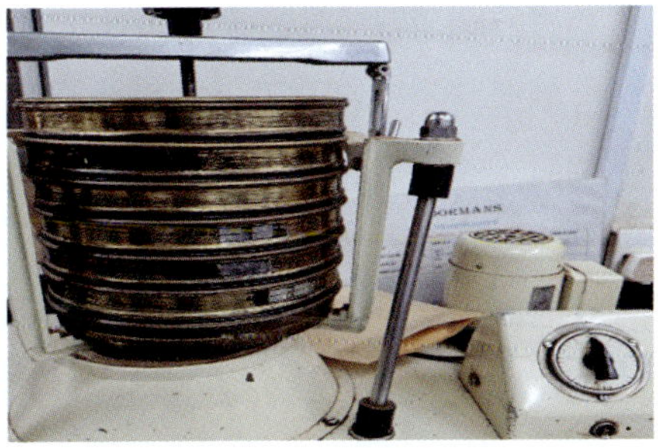

Dormans
Kenya Kahawa

PINHALENSE
ON/OFF
SELECT
LIGHT
TEST
CAL

커피 수입업계에서는 좋은 커피를 선별하고 수입하기 위해 치열하게 경쟁하고 있으며, 재배 농가에 기술과 자금지원에도 나서고 있다.

커피 생산과정을 보면 많은 단계에서 철저한 관리가 이루어져야 좋은 커피를 생산할 수 있다는 것을 이해할 수 있다.

우선 커피나무의 수종과 생육 상태가 매우 중요하다. 커피나무를 심고 5년 후부터 수확하는데, 높이를 3m 이하로 유지하기 위해 가지치기 등 관리를 해야 하고, 20-25년 후에는 나무를 다시 심어야 한다.

가공 공정이 매우 길고 까다롭다. 잘 익은 붉은 체리를 수확해야 한다. 과육의 상태가 변질되었거나 설익은 열매를 잘 골라내는 과정이 필요하다. 그리고 체리의 껍질을 벗긴 후 발효(fermentation) 및 건조하는 과정을 거쳐 생두가 만들어진다.

다양한 발효방법도 커피 맛에 큰 영향을 미치는데 방법은 다음과 같다. 1) 습식법(Washed, wet process), 껍질을 제거한 후 물탱크에 담아 24-48시간 과육을 제거하고 말린다. 습식 가공을 하면 커피에서 산미가 있는 화이트 와인의 맛이 난다. 2) 건식법(Natural), 껍질째 말린 후 껍질과 과육을 제거한다. 가공 후 커피에서 과일, 적포도주 맛이 난다. 이런 과정을 거친 커피 생두는 출하 전에 불순물 제거, 크기별 분류 공정도 거치게 된다.

로스팅은 커피 맛의 30-50%를 좌우한다고 한다. Light roasting, Medium roasting, Medium-dark roasting, Dark roasting으로 분류하는데, 로스팅 과정은 온도, 시간과 생두의 무게 변화 및 색상 등 여러 요소를 분석하여 적용하는 고도의 테크닉이 필요하다.

브루잉(Brewing) 방법도 여러 가지이다. Esprosso machine, Moka Pot, Shipone, Chemex, Kalita…

스타벅스? 에티오피아식 다방이 원조… Nov 2024

커피 발상지 에티오피아는 커피를 어떻게 준비해서 먹을까?

커피 로스팅, 그라인딩과 브루잉 과정은 매우 특이하다. 그리고 사람들이 모여 수다 떨며 마시는 방법 역시 매우 이색적이다.

우선 프라이팬으로 커피를 볶는 로스팅(p.217 사진) 과정을 거쳐, 작은 절구통 같은 곳에 넣고 찧어서 가루를 만들고(그라인딩), Jebena(진흙 항아리)에 물을 끓이는데 이 물에 섞은 커피가루를 부어 넣으면서 계속 끓여, 커피를 만든다.

커피를 끓이고 보관하는 용기(아래 사진)가 우리나라 약탕기를 생각나게 한다. 손잡이가 없는 작은 잔에 따라 마시는데... 커피 고유의 구수한 향은 볶을 때에만 난다. 커피색이 짙은 흑색이라 한약 같은 느낌도 든다. 그러나 맛은 생각보다 연하고 쓴맛, 단맛과 신맛 등 커피 고유의 맛을 조금씩 느낄 수 있다.

에티오피아에는 전통적으로 커피 세리머니를 하는 관습이 있다고 하는데... 친구, 이웃과의 모임 또는 손님을 환대할 때 하는 상징적인 행사이다.

나뭇잎과 꽃으로 분위기를 조성하고, 손으로 커피 빈을 씻고, 숯불을 피워 팬으로 커피를 볶는다. 커피를 갈아서, Jebena에 넣고 끓인다.

커피를 마실 때는 경건하고 차분한 분위기를 조성하기 위해 향을 피우면서 커피상을 가져오는데, 시각적 효과와 흥을 돋우기 위해 팝콘을 같이 가져오는 것이 특징이다(나이로비 등 인근 국가 도시의 에티오피아 커피점에서도 비슷한 분위기를 연출한다).

2 차, 케냐 제일의 수출상품

중국에서 인도와 스리랑카, 케냐까지...

June 2023

우리나라 하동과 보성, 제주 등이 차 생산지로 유명하다. 차는 중국에서 전래되었고, 일본에도 다도가 매우 발달한 것은 주지의 사실이다.

아프리카에도 차가 있을까? 놀랍게도 케냐는 세계 3위 차 생산국(중국, 인도에 이어)이다. 현재 대부분 차 재배자들은 저가의 블랙 티를 생산하고 있는데, 케냐에서는 고가 정통 홍차(orthodox black tea) 개발에 심혈을 기울이고 있다.

녹차, 우롱차, 홍차, 블랙 티의 차이는 무엇일까? 차의 종류는 제조하는 과정의 산화 수준에 따라 달라진다. 차도 품질에 따라 가격이 천차만별인데, 제조 기술이 품질을 좌우하기 때문에 R&D 투자가 많은 다국적 기업이 시장을 지배하고 있다.

케냐가 40만 톤($12억)으로 세계 1위(2020년 기준) 수출국가이지만, 저가 판매로 인해 농민들은 불만이 가득하다. 생산된 차는 경매를 통해 판매하는데, 카르텔(경매 담

당 브로커, 낙찰받아 수출하는 수출업자)이 가격을 조작하여 이익을 독차지하고 있기 때문이다.

케냐는 65만 소농민의 이익을 보호하기 위해 KTDA를 설립하였고, 기술 개발과 설비 및 자금을 지원하고 있다. 또한 가격 하락을 방지하기 위해 경매 최저가를 설정($2.43/KG)하는 등의 노력을 기울이고 있지만 효과가 없다. 경매에 나온 차가 유찰되어 재고가 쌓이기 때문이다. 입찰 참가자들은 차의 상품가치가 최저가($2.43)에 못 미치기 때문에 구매하지 않겠다고 버티는 것이 다반사이다.

대형 플랜테이션을 가지고 있는 다국적 기업들이 차 농장을 운영하기도 하고, 수출과 브랜드 개발 등 마케팅 역할을 담당하고 있다. 소규모 차 생산자들은 이들을 통해 수출을 해야 하는데, 다국적 기업이 중간 마진을 너무 크게 차지하기 때문에 마찰이 생기는 것이다.

케냐의 차 생산은 영국 식민지 시기인 1924년 시작하였다. 중국에서 시작된 차 생산이 유럽인의 손을 거쳐 세계로 전파되었는데 아프리카까지 흘러들어왔다. 처음에는 포르투갈 상인이 마카오에서 차를 수입하기 시작했는데(1557년), 네덜란드 동인도 회사가 독점 수입하는 시기(1600년경)를 거쳐 영국이 중국 차를 수입하였다(1689년). 영국은 차의 수입으로 막대한 무역수지 적자가 발생하자, 차 생산지를 확대하기 시작했다. 1823년 인도에서 차 생산에 성공하고, 스리랑카로 차 재배지를 확산하였으며(1867년), 케냐까지 생산지가 확장된 것이다.

케냐 차 생산의 역사는 아직 일천하지만 차 생산의 최적 환경 덕분에 생산이 급속히 증가했다. 주요 생산 지역은 서늘한 고원지대인 케리초, 리무루 등인데, 풍부한 일조량과 적당한 강우량, 열대화산 토양 등 재배에 이상적인 지역이다. 주요 차 생산지로 유명한 리무루의 차밭(p.219 사진 1열 좌우측)이다. 차를 따고(2열 좌측) 물기를 제거한다(2열 우측). 정리된 찻잎(3열 좌측)을 차 생산공장(3열 우측)에 보내 발효 과정 등을 거쳐 차를 생산한다.

2 꽃, HERB.SPICE와 과일

1 꽃으로 하는 돈벌이

케냐는 사시사철 꽃밭의 나라

July 2023

아프리카의 모든 지역이 매우 더운 날씨일 것으로 착각하는 사람들이 대부분이다. 나이로비에 있는 나에게 연락이 오면 가장 먼저 더운 날씨에 고생이 많다는 인사말로 시작한다.

그러나 나이로비의 기온은 연중 13도에서 26도 사이를 오르내린다. 남위 1도로 적도에 가깝지만, 해발 고도가 1800m 수준에 위치해 있기 때문이다.

겨울에는 아침과 밤에 제법 쌀쌀한 날씨이기 때문에 현지 사람들은 추워하며 두꺼운 옷을 입지만, 사계절에 익숙한 한국 사람들에게는 그냥 시원한 날씨 정도이다. 따라서 계절 구분도 여름, 겨울 등 온도 차이보다는 비가 오는 우기와 오지 않는 건기로 구분을 한다.

온화한 날씨 덕분에 케냐에는 일 년 사철 화사한 꽃이 만발해 있다. 양지바른 담벼락의 작은 꽃, 아파트와 도로변의 원예 화초, 꽃을 재배 판매하는 도심의 작은 농원, 심지어 커다란 나무에 높이 매달려 있는 붉은색, 노란색 꽃들의 천지다.

만수국(1열 좌측), 극락조화(1열 우측), 제라늄(2열 좌측), 군자란(2열 우측) 등의 모습이 눈에 띈다.

그리고 버베나(p.222 사진 1열 좌측), 일일초(1열 우측), 금관화(2열 중간), 이외에도 이름 모를 꽃들이 지천에 널려 있는 모습은 모두 온화한 기후 덕분으로 생각된다.

그런데 꽃의 모습에 차이가 있다.

한국은 운치 있는 꽃들이 많은 반면, 여기는 강렬한 원색의 꽃들이 주류이다.

강한 햇살과 꽃… 자연이 주는 강렬한 원색적인 분위기가 이들의 일상에 반영되어 있다. 옷의 무늬, 그림과 공예품 모두 삼원색 중심의 강한 색상을 사용하고 있다. 아프리카 사람들이 즐겨 입는 키텡게 같은 옷감은 이들의 의식을 반영하여 발전한 것이다.

고가에 수출되는 Cut Flower

July 2023

케냐는 지천에 널려 있는 꽃을 수출상품으로 잘 개발하여 쏠쏠히 재미를 보고 있다. 언제나 꽃이 만발하는 나라답게 세계 3위 화훼 수출국이다.

특히 장미 수출이 69%($7억)로 압도적인 비중을 차지하고 있다. 길거리와 화단 곳곳에 장미가 만발해 있으니 생육 조건이 매우 좋은 것이 분명하다.

장미 이외에도 다양한 꽃을 혼합 판매하는 비중이 12%이며 카네이션, 백합, 라벤더, 솔리다고, 안개꽃 등이 주요 수출품이다.

케냐의 원예 농업은 1980년대 유럽의 수요가 늘어나면서 본격화되었다. 1990년대에는 온실 농업이 도입되면서 수출이 급증한다. 2010년대 들어 물류 체계 개선과 항공 운송 시스템 확장으로 세계적 경쟁력을 가진 국가가 되었다. 화훼의 주요 생산지는 수자원이 풍부한 나이로비 북쪽의 나이바샤 지역인데, 트럭으로 나이로비에 와서 전용화물기를 통해 네덜란드로 운송하는 물류 체계를 가지고 있다. 케냐 원예농업은 기후, 풍부한 수자원과 비옥한 토양 그리고 수출을 위한 물류 체계까지 갖추어

지면서 성장 가도를 질주하고 있다.

케냐에는 160여 개 수준의 원예농장들이 있지만 20-25개의 초대형 농장이 74%의 수출을 담당하고 있다. 대형 농장은 유럽의 투자가들이 참여하여, 기술과 시설 유통 및 마케팅에 부족함이 없다. 대형 농장에는 수천 명의 인력이 동원되는데, 낮은 인건비가($90-600/월) 가격 경쟁력 확보에 큰 도움이 되고 있다.

그러나 최근 케냐는 기후 변화와 불안정적인 수자원으로 인해 안정적인 농산물 생산이 가능할지 우려하는 상황에 직면하고 있다. 이를 해소하기 위해 스마트 팜에 대한 투자를 추진하고 있으며 이를 통해 안정적으로 생산성을 높일 수 있을 것으로 예상하고 있다. 한국의 스마트 팜 기술을 도입해 생산력을 높이면서 거대한 아시아 시장에 진출하면 튼튼한 경제 체력을 확보할 수 있을 것이다.

농업국인 케냐는 차(tea)(연간 $16억)에 이어 원예작물(대부분이 화훼)이 2위 수출품($11억)인데 커피와 함께 1, 2, 3위 수출품이 모두 농산물이다.

2 HERB.SPICE

오감을 자극하는 아프리카 허브

Dec 2023

나이로비에서 주말에 허브 농장을 방문하면 여러 가지로 즐거운 경험을 할 수 있다. 우선 잘 가꾸어진 허브 농장의 아늑함에 마음이 푸근해진다. 꽃밭으로 다가가면 꽃을 배회하는 벌과 새들의 속삭임이 정겹다. 잘 자란 허브를 채집하면 허브의 부드러운 촉감과 강하게 밀려오는 향기에 젖어 든다. 고즈넉한 정원을 거닐면서 마음의 평온을 맛볼 수 있으며, 농장으로 돌아와서 허브티를 마시면 감미로운 풍미를 느낄 수 있다.

케냐에는 토양과 강수량, 기온 등 최적 환경 덕분에 허브 농장이 많은데, 이곳에 방문하면 여유로운 하루를 보낼 수 있다.

허브는 오감의 즐거움을 줄 뿐만 아니라, 음식의 향신료, 약용으로도 많이 이용되어 우리의 건강 증진에도 큰 도움이 된다. 허브의 종류가 많고 용도까지 다양하여 이들의 특징을 살펴보는 것도 재미있다.

• 라벤더(Lavender)

관상용으로 이용하며 연보라색이 대표색이다. French 라벤더는 예쁜 꽃과 향기로 유명하며 향수와 비누 원료로 이용한다. English 라벤더는 달콤한 향과 단맛이 있어 파스타, 샐러드 등 식재료와 티(tea)로 많이 쓰인다.

• 로즈메리(rosemary)

바늘 같은 푸른 잎이 특징이다. 민트 계열에 속하며 특유의 향을 가지고 있다. 소스를 만들 때 주로 사용하며, 고기요리를 할 때 향을 더하고, 고기와 생선 등의 비린내를 없애기 위해 구울 때 말린 가루를 뿌린다.

• 세이지(Sage)

지중해가 원산지인 민트 계열 식물이다. 약초로도 이용되어 왔으며 강한 향이 있고 흙맛이 있어 향신료로 사용한다. 관상용으로 재배하기도 한다.

• 파인애플 세이지(pineapple sage)

잎에서 파인애플 냄새가 나 붙여진 이름이며 단맛이 있다. 염증 질환 치료와 구취 방지 효과가 있으며, 독충에 물렸을 때 해독제로도 사용한다. 붉고 가느다란 꽃이 무리 지어 피는 특징이 있어 관상용으로 많이 재배한다.

• 바질(basil)

연한 녹색에 타원형이다. 줄기와 잎을 이용하여 향기와 풍미가 독특한 차를 만들어 마신다. 향이 강하게 나므로 향신료와 방향제로 쓰인다. 고기, 생선, 샐러드 소스 맛을 내는 데 사용하는데, 특히 이태리, 태국 요리에 많이 사용한다.

• 애플민트(Apple mint)

박하속 식물이며 잎에서 사과향이 난다고 붙여진 이름이다. 유럽에서는 고기, 생선요리에 자주 사용하며, 달걀 요리의 향료로 사용한다. 젤리나 식초를 만들 때에도 사용한다. 잎으로 차를 만들어 마시기도 한다.

• 타임(Thyme)

로즈메리와 비슷하고 상큼한 소나무 향이 난다. 독특한 향이 있어 야채볶음, 파스타와 수프 등의 향신료와 양념으로 쓰이며, 티(tea)로도 애용된다. 꽃, 잎과 추출 오일은 기침, 천식 등 호흡기계통 질환, 두통과 염증치료 약으로 이용한다.

• 레몬타임(lemon thyme)

타임의 한 종류이며 향이 강하고, 레몬맛이 나면서 쓴맛도 난다. 잎을 소스, 샐러드, 수프 또는 닭고기와 생선요리에 사용한다. 차를 만들어 마시기도 한다.

• 레몬밤(Lemon Balm)

강한 레몬향을 낸다. 육류 요리에 잡내를 제거하기 위한 향신료로 사용하며 요리 후 장식용으로도 사용한다. 차 또는 칵테일 등에도 사용한다. 스트레스, 불안감 해소 및 식욕을 돋우고, 불면증 치료에도 효과가 있다.

• 레몬버베나(Lemon Verbena)

강한 감귤향 또는 레몬향이 난다. 생선, 가금류 요리, 샐러드 드레싱, 잼, 푸딩, 음료 등에 향신료로 가미한다. 차로 마시면 천식, 감기 증상 완화에 도움이 된다.

• 레몬그라스(lemongrass)

은은한 풀냄새, 레몬향이 섞인듯한 향이 난다. 닭고기, 생선요리와 수프, 소스에 향신료로 쓴다. 차로 마시면 소화 촉진 효과가 있다. 시트러스 계열 향이라 모기, 벌레 퇴치, 섬유 탈취제 그리고 비누 제조에 쓰인다.

• 멕시칸오레가노(mexican oregano)

비슷한 종인 박하나 바질과 달리 약간 매콤한 맛과 다소 톡 쏘는 듯한 매운 향이 난다. 멕시코, 튀르키예, 그리스 요리에 많이 사용하며 샐러드를 만들 때 올리브유, 레몬즙(혹은 와인식초)과 함께 오레가노를 흩뿌리는 게 가장 기본적인 드레싱이다. 허브티로 마시기도 한다.

• 알로에베라(Aloe Vera)

면역력 증진, 위와 장 건강 개선, 장운동 촉진 및 배변 활동 강화 효과가 입증되어 여러 가지 음료 제품으로도 판매되고 있다. 화상과 피부 치료, 보호용으로 오일과 크림 제조 시 주요 원료로 사용된다.

스파이스 체험 이야기

Dec 2023

인류의 무역사를 보면 유럽은 향신료 무역을 위해 끊임없이 인도로 가기를 원했다. 인도와 유럽을 오가는 길목을 차지한 이집트와 중동지역은 향신료 무역을 독점하면서 많은 이윤을 챙기고 번영을 누렸다. 참다못한 유럽이 중동을 거치지 않고 인도로 가기 위해 대항해 시대를 개척하였던 것이다.

현대 사회의 음식문화에서는 스파이스 사용이 아주 일반화되어 있어 모두 익숙하다. 그러나 정작 식물의 모습은 생소하고 매우 헷갈린다. 이들의 모습을 찾아보는 재미가 있다.

우선 우리가 일상에서 가장 많이 사용하는 향신료를 가지고 간단한 테스트를 해보자.

앞의 사진에서 우리가 자주 사용하는 생강, 후추, 강황, 계피, 카레, 바닐라를 찾을 수 있을까? 정답은 p. 228 사진 1열 좌에서 우, 2열 좌에서 우 순서이다.

커피와 카카오를 모르는 사람은 없을 터인데, 아래 사진에서 커피(로부스타), 카카오가 어디 있을까? 육두구와 정향도 향신료 무역에 많이 등장한다. 육두구(nutmeg), 정향(cloves)은 어디에? 아나토(anato), 이오딘(iodine tree), 붉은 바나나, 두리안, 잭프루트, 등이 아래 사진에 있다. 정답은 1열 좌에서 우, 2열 좌에서 우, 3열 좌에서 우 순서이다.

잔지바르는 기후 풍토 때문에 사프란은 자라지 않는다. 그러나 여기 있는 모든 스파이스의 실물을 만나 볼 수 있어 매우 흥미진진하다. 동아프리카 무슬림 국가인 오만의 사이드 빈 술탄이 노예를 이용하여 스파이스 플랜테이션을 확장하면서 최전성기를 누렸다.

? 허브와 스파이스의 차이점?

허브는 식물의 잎이나 줄기를 신선한 상태나 말려서 사용하는 것이다.
스파이스는 식물의 열매, 씨, 꽃, 껍질, 뿌리 등을 단순 가공하여 사용하는 것이다.

3 열대 과일

케냐, 커피도 과일도 최고의 맛이다

July 2023

사진만 보아도 잘 익은 망고향이 느껴지지 않는가?

케냐 망고의 진면목은 향기이다. 구수한 듯, 달콤한 듯, 상큼한 향기가 아주 매력적이라 더욱 맛있게 느껴진다.

망고뿐만 아니라, 아보카도, 파인애플, 패션프루트, 마카다미아 등 과일 맛이 정말 최고이다. 덕분에 연간 $14억의 과일을 수출하고 있다.

아보카도는 멕시코, 콜롬비아 등에 이어 세계 6위 생산국이며, 연간 $1억 수출한다. 아보카도는 열대기후 고산지대에서 잘 자라는데, 케냐 지형과 맞아 계속 성장 가도를 달리고 있다. 아보카도는 20가지(아보카도 오일, 살사, 푸딩, 스낵 등) 이상 가공식품이 있어 수출할 수 있는 방법도 다양하다.

망고는 서남아, 동남아, 아프리카가 주요 산지인데, 케냐는 약 $2천만을 수출하고 있다. 강렬한 태양과 토양 덕분에 맛과 향이 뛰어나지만, 가공식품(주스, 잼, 젤리...)이 적어서 수출에 애로가 있다. 대부분 국가들이 보건 위생 관련 규정 때문에 가공하지 않은 과일의 수입을 통제하고 있기 때문이다.

파인애플 수출은 $8백만인데, 외국기업 투자에 의한 플랜테이션 농업 성공 사례다. 델몬트가 하와이에서 케냐로 플랜테이션을 확장, 캔 제품을 대량 생산하면서 수출이 급증했다.

패션프루트, 마카다미아, 바나나, 석류, 오렌지 역시 기후, 토양과 수질 조건에 맞아 맛있는 과일을 대량 생산하고 있다.

VIRGIN
Avocado
OIL

그러나 과일 수출을 위한 물류 체계가 잘 갖추어지지 않아 애로가 있다. 케냐의 생산자들이 소규모 농가여서 가공기술 및 마케팅 능력이 크게 부족한 것이 현실이며, 수출 산업화를 위해서는 갈 길이 멀다.

3 전통 의약과 나무

1 아프리카 특유의 수목

아프리카의 상징적 나무들

Aug 2023

• 바오밥(Baobab)

지구상 가장 오래된 생명체 중 하나, 수백만 년 전에 출현하였다. 아프리카 신화에 등장하는 생명의 나무이다.

높이 30m, 둘레 10m로 가장 크고 오래 생존한다. 마다가스카르를 중심으로 아프리카 동부 해안에 분포해 있는데 9가지 수종이 있다.

껍질의 섬유질은 옷, 바구니, 로프와 악기 줄을 만드는 데 이용하고 있다. 열매와 잎, 껍질 모두 비타민과 미네랄이 풍부하여 다양한 음식과 약용으로 사용한다.

• 마라 나무(Mara Tree)

잎이 큰 마호가니 수종이며, 멸종 위기 식물이다. 광활한 지역에 듬성듬성 흩어져 있으며, 100년 이상을 생존한다. 고급 가구 생산에 사용되어 가격이 비싸 남획되어 왔다.

• 아카시아(Acacia)

25m까지 자라고 28종이 있다. 기린이 아카시아 잎을 좋아한다. 강력한 검은 혀 덕분에 아카시아 가시도 거뜬히 씹을 수 있다. 원주민들은 아카시아 씨를 식용으로 사용하고, 향수의 원료로 이용하기도 한다. 특히 아카시아 꿀은 상처 치료 및 감염 예방제 원료로 사용한다.

• 휘슬링 가시나무(Whistling Thorn)

동아프리카가 원산지인 아카시아 계통의 나무이며 6m까지 자란다. 바람이 불면 휘파람 소리가 나서 붙여진 이름이다.
가시 펜스, 공구 손잡이 등에 주로 사용된다. 수액은 접착제 원료로 사용되고 있다.

• Knob-Thorn Tree

15m까지 곧게 자라며 진흙층에서 자라고 가뭄에 강하다. 코끼리가 껍질을 좋아하고, 잎은 코끼리와 기린이 먹는다. 사람들은 재질이 단단해서 마루 등 건축용으로 이용하고, 껍질에 타닌 성분이 많아 가죽 가공에 이용한다. 원주민들은 knob 부분을 갈아서 진통제로 사용한다.

• 소시지 나무(Sausage)

꽃이 예쁘고 열매가 소시지를 닮아 붙여진 이름이다. 생열매는 독성이 있지만, 건조 숙성 후에는 식용과 약용으로 사용하는데, 건조된 열매는 술을 빚는 원료로 사용된다. 피부병과 말라리아 치료제의 원료로도 이용된다.

• 마룰라나무(Marula)

나무의 암수 구분이 있고, 아프리카에서는 영적인 신성한 나무로 알려져 있다. 코끼리, 원숭이, 임팔라와 얼룩말 등이 열매를 먹는다. 재질이 물러서 나무 조각 등에 사용한다. 고대인들이 식용으로 사용한 유적이 있고, 열매로 젤리나 잼을 만들기도 한다. 껍질은 소화제, 위통이나 설사 치료제로 이용되고 있다.

• 모판나무(Mopane)

잎이 나비 모양이며 재질은 아주 단단하다. 남아공, 나미비아와 보츠와나 등에 분포하며 코끼리, 임팔라 등이 잎을 즐겨 먹는다.

잎은 지혈, 상처 치료제로 사용하기도 하며, 모판나무에 자라는 애벌레도 식용으로 사용한다.

재질 특성상 마루 등 주택, 가구 제조에 사용하며 플루트 등 악기 제작에도 쓰인다.

• 퀴버나무(Quiver Tree)

가장 큰 알로에 수종이며, 10m 높이까지 자라고 수령이 350년에 이른다.

위로 솟은 잎이 화살을 담은 통과 같이 생겨서 붙여진 이름이다.

남아공, 나미비아 주변에 많이 분포해 있다.

결핵, 천식 치료제의 원료로 사용된다.

• Africa Blackwood, Abony(흑단)

kg당 $1만을 호가하는 비싼 멸종 위기 수종이다. 목재의 밀도가 가장 높고 단단하며 내구성이 강하다. 악기, 가구와 중요 건축물 등을 만드는 특수 용도로 사용되는데, 몸바사에 이 나무로 만든 400년 전 건축물의 문이 남아 있다. 동부와 서부 아프리카 등에 광범위하게 분포하며, 건조한 지역에서 잘 자란다.

• Pink ivory(퍼플 아이보리)

견고하고 내구성이 좋으며, 우아한 천연 핑크 레드 컬러 때문에 비싸다. 당구 큐대, 칼과 도구 손잡이로 사용된다.

고대에는 약용으로 사용되기도 했다. 짐바브웨, 모잠비크, 남아공이 원산지이다.

• Sandlewood(백단향)

나무 향이 강해서 특별한 오일을 생산한다. 향수 원료로 사용되며 한 그루가 2만불을 호가한다. 다양한 향수, 샴푸 제품을 만들어 판매되고 있다. 고대에는 약용으로 쓰였다.

뿌리와 줄기에서 오일이 생산되어 뿌리째 뽑아버려 멸종 위기 수종이다. 벌목, 유통이 금지되어 있지만 종교 행사용 기름 수요가 높아(리터당 3천불을 호가), 벌목이 근절되지 않고 있다.

• Purple Heart(아마란스)

곤충의 공격에도 강하고, 부패하지 않으며 내구성이 강하다. 또한 방수성이 강해서 보트 정박장, 수상 구조물, 가구 등에 이용된다.
갈색인 목재가 햇빛의 UV 광선에 노출되면 퍼플색으로 변한다. 희귀 수종이어서 더욱 비싸며, 중앙 아메리카 지역에 많이 분포하고 있다.

• Lignum Vitae(유창목)

세계에서 가장 크고 무거우며, 가공하기 힘든 나무이다. 세계 최초의 핵추진 잠수함을 만들 때 이 나무 베어링을 사용했다. 자체 윤활 성분의 기름을 함유하고 있어 마모가 되지 않기 때문이다.
이 나무도 심각한 벌목으로 멸종 위기 식물이다. 카리브 중앙 아메리카 지역에서 서식하며, 바하마의 국가나무이다.

• Dalbergia(자단속 나무)

장미과에 속하며 높은 밀도로 견고하며 내구성이 강한 희귀 나무이다. 색상과 조직의 특성 때문에 고급 가구, 장식품 제작에 주로 사용된다.
나무를 자른 톱밥에 독성이 있어 작업하기 어려운 특성이 있다. 중앙 아프리카, 남아메리카에 분포해 있다.

• Agarwood(침향나무)

향기가 강한 어두운색 목재이며, 향수의 원료로 사용한다. 향에 대한 수요가 증가하면서 가격이 올라가고 있다. 특정 곰팡이가 침향나무 속 심재에 침투했을 때 만들어지는 수지로 작은 조각상 등을 만들기도 한다.

북인도, 말레이시아, 인도네시아 등에 널리 분포해 있다.

• Bocote(보코테 나무)

이 나무는 판자 형태로 잘랐을 때 나타나는 고유의 무늬 패턴 때문에 고가에 거래되어 왔다. 이 나무를 사용한 테이블, 책상 등의 가구는 2만불 이상을 호가한다.

벌목의 대상이 되면서 멸종 위기 수종이 되었다. 멕시코와 중앙 아메리카 지역에 많이 분포해 있다.

2 아직도 사랑받는 약재 식물

케냐 민간요법, 약재 나무

Nov 2023

동서고금, 인류는 다양한 식물을 약용으로 이용해 왔다. 진통제 모르핀(양귀비), 말라리아 치료제 artemisinin(개똥쑥), 우리나라의 다양한 한방 약재 등이 그 예이다.

아프리카에서도 지천에 널린 열대성 식물을 건강 지킴이로 이용해 왔다.

지금도 시골지역 등 케냐 인구의 70%는 1차 진료원으로 민간요법에 의존하고 있다. 1970년대 중반 WHO가 한국, 중국과 베트남처럼 전통 의약을 국가 보건체계에 수용하도록 권고하면 KeMRI를 설립하는 등 노력을 배가하고 있다. 또한 많은 민간기업이 천연성분을 이용한 치료제, 위생용품을 판매하고 있다.

아프리카에는 45,000종의 식물자원이 있는데(전 세계 식물자원의 25%), 이 중 5,000종 이상이 전통 의약 분야에 이용되고 있다.

가장 널리 오랫동안 이용되고 있는 바오밥을 비롯하여 님, 모링가, 타마린드, 렐레슈아, 켄들부시, 크로통 등 많은 식물이 의약, 위생용품으로 이용되고 있다.

- 바오밥(Baobab) 오일

바오밥 열매의 씨에서 추출한 오일은 칼슘, 비타민ABC, 오메가3, 6, 9가 풍부하며, 피부세포 재생, 스킨케어, 헤어컨디셔너로 사용한다. 열매는 Monkey Bread로 불리며 비타민이 풍부하여 위 트러블 치료제 음료수 원료로 사용하고, 잎은 약용과 조미료로 사용한다. 줄기에 수백 톤의 물을 저장할 수 있고 코르크 같은 껍질은 옷과 로프 제조에 이용한다.

바오밥은 생명의 나무로 불린다. 아프리카 마다가스카르가 원산지이며 아프리카 해안 지대 및 열대, 아열대 지역에 서식한다.

- 님 나무(Neem tree)

40가지 증상을 치료할 수 있다.

모기에 물렸을 때 님 오일을 바르면 낫고, 모기 기피제, 퇴치제로도 사용할 수 있다.

세균성 배탈에는 님 차(tea)를 마시며 설사와 이질 치료제로 쓰인다.

님 나무에는 항박테리아, 항곰팡이, 항염증 성분이 풍부하여 치과, 피부, 인체 독성 제거, 위궤양 치료에 효과가 있다. 인도, 미얀마, 방글라데시 지역이 원산지이며, 아프리카 해안지역에도 널리 분포해 있다.

• 모링가(Moringa)

피부질환 치료, 피부 노화, 주름 방지를 위해 오일과 비누를 사용한다. 잎은 설사와 소화기 질환 치료, 간과 위 기능 강화 효과가 있어 분말제품이 팔리고 있다. 뿌리는 혈액을 맑게 하는 성분이 있다. 모링가는 우리 몸에 필요한 다양한 영양소를 풍부하게 함유하고 있으며, 잎부터 뿌리까지 나무 전체를 이용할 수 있다. 인도와 아프리카 등에서 자생하는 콩과 식물인데, 열대지방 전역에서 재배한다.

• 코코넛(Coconut) 오일

야자수 액으로 만든 반고체 오일이다. 샐러드 등 식용 그리고 피부와 모발 보호용 등으로 사용한다. 코코넛 오일은 리놀레산 지방산이 풍부하고, 모발 내부에 침투하면 단백질 손실을 줄여준다. 이외에도 항균효과, 탈취효과 덕분에 상처 치료, 입 냄새 빙지 등 다양한 용도로 쓰인다.

• 타마린드(Tamarind)

전통적으로 타마린드 열매는 위통, 설사 치료제로 사용되어 왔다.
최근에는 레스테롤 분해, 체중 감소 효과가 있는 주스, 소화를 도와주는 소스 등으로 판매하고 있다.

• 렐레슈아(Leleshua)

마사이족들이 중요하게 생각하는 나무이다.
나무의 향이 강하여 야생동물이 접근하지 않아 야영 시에 이용하기도 한다.
또한 피부질환 치료제의 원료로 사용된다.

• 캔들 부시(Candle bush)

해독과 말라리아 치료제로 사용된다.
노란 꽃이 아름답다.

• 크로통(Croton)

감기 해열제, 설사나 위장장애 완화, 피부 상처 보호에도 사용된다.

VI

편의와 풍요를 제공하는 유통, 호텔과 레저

VI

편의와 풍요를 제공하는 유통, 호텔과 레저

1 복잡다기한 유통망

1 도시화로 난립하는 마켓

대형쇼핑몰, 중산층과 함께 급성장

May 2023

케냐의 국민 소득이 얼마인지, 물가 수준과 유통구조에 관한 질문을 받을 때도 있다. 많은 사람들이 낙후된 모습을 예상하지만, 나이로비 시내 주요 거점 지역에도 어김없이 대형 쇼핑몰이 있다.

외국인이 많이 거주하는 UN소재 지역의 빌리지 마켓, 상업중심지인 Westland의 Sarit, 웨스트게이트 등은 잘 알려진 몰이다. 부촌으로 알려진 카렌 주변의 더 정션몰, 더 허브 카렌 그리고 가장 규모가 큰 투 리버스 몰 등이 있다. 이들 몰과 주변에 까르푸, Naivas, QuickMart, Foodplus 등 대형 슈퍼체인이 성장하면서 함께 발전하였다.

여느 선진국가의 쇼핑몰에 비해 크게 손색이 없는 수준이다. 일상 소비재와 식품

을 판매하는 대형 슈퍼체인부터 전자제품 전문 매장, 의류, 약품매장, 은행, 통신서비스 그리고 극장, 식당과 카페, 심지어 어린이 놀이시설 등이 입주해 있다. 아주 고가의 브랜드 제품이 아니라면 모두 찾을 수 있어 발길이 끊이지 않는다.

Sarit Mall은 유통점들뿐만 아니라 중소규모 전시회를 할 수 있는 컨벤션 시설까지 보유하고 있다.

케냐 경제와 산업 발전으로 중산층이 급팽창하면서 유통구조의 현대화는 더욱 가속화되고 있다.

서민 생활이 투영된 마켓과 난전

April 2024

그러나 일반 서민들의 생활 모습은 아직 전통적인 모습에 갇혀 있고, 변화에는 많은 시간이 소요될 것이다.

대형 쇼핑몰의 발전과 급속한 도시화로 생활환경이 변화하지만, 소득 수준이 나아지지 않고 있는 서민들에게는 전통 재래시장이 격변하는 환경에 적응하기 위한 몸부림의 현장으로 남아 있다.

나이로비 시내는 도로변 곳곳에 갖가지

생활용품을 판매하는 길거리 가판대와 DUKA(간이 편의점)가 있다. 야채, 과일, 생활용품, 공예품과 심지어 관상 화초까지 판매한다. 초라한 형색에 약간 당황스럽기도 하다.

그러나 길바닥에 펼쳐 놓은 난전에 비하면 양반이다. 시내가 아니라도 관광지에는 으레 마사이 마켓이 있는데, 스카프, 신변장식 액세서리와 목각 인형 심지어 반귀석 같은 돌의 가공품까지 쫙 깔아 놓고 있다. 특색은 있으나 품질이 저조하여 관광객과의 눈높이에 큰 차이가 있다. 사는 사람이 없으니 안타까운 느낌마저 든다.

심지어 의류나 신발을 판매하는 소상인들까지 길거리에 걸어 놓거나 깔아 놓고

판매하는 경우가 허다하다.

그나마 나이로비 시가 운영하는 시티마켓이나, 각종 야채와 과일 생산지의 직판 매장은 엉성한 형색이지만 누구에게나 사랑받는 중요한 편의시설이다. 까르푸 등에서는 찾을 수 없는 잘 익고 신선한 야채와 과일을 찾을 수 있기 때문이다. 그리고 오래된 낡은 시설이지만, 많은 상인들이 모여 있는 상가건물들도 서민들의 발길이 끊이지 않는다.

멋지게 지어진 쇼핑몰, 전문점이 모인 도매시장, 소형 매장이 모여 있는 상가건물과 마켓 그리고 난전으로 층층이 얽혀 있는 유통 구조는 급속한 도시화로 인한 인구 유입 때문이다. 부족한 일자리 창출을 위한 고민, 생존을 위해 저가의 생활수단을 찾는 노력이 얽혀서 나타나는 모습들이다.

케냐에서는 2000년대 들어 도시화가 속도를 더해가고 있다. 2015-2020년간 도시화율은 연간 4.23%씩 증가하였다. 2018년 도시의 인구 비중이 27%였는데, 2025년에는 50%에 이를 것으로 전망된다. 도시화를 수용할 산업구조와 생활환경 변화에는 많은 노력과 시간이 필요할 듯하다.

2 전통적 유통 상인, 행상

기상천외한 케냐 행상

Apr 2024

우리나라에도 차가 막히는 병목 지역에서 옥수수, 뻥튀기, 물 등을 판매하는 행상들을 아직 볼 수 있다.

그러나 케냐의 행상은 매우 다양하고 특이한 모습이라 정말 기억에 남는다. '바닥 밑에 지하'라는 말이 생각나게 하는 정말 애처로운 모습부터 제법 구색을 갖춘 행상도 있다.

분명한 것은 케냐의 행상이 좀 유별나다는 것이다. 기상천외한 행상들의 모습은

웃어야 할지, 울어야 할지, 외면해야 할지 당황스럽기까지 하다.

물론 케냐에서도 가장 흔한 행상은 먹거리를 파는 사람들이다. 물, 바나나와 자두 등 과일 그리고 땅콩… 사탕수수를 가지고 다니면서 즙을 내서 파는 사람 등 각양각색의 식음료 행상들을 볼 수 있다. 또 많은 사람들이 사서 먹는다. 가격을 물어본 차가 서행을 하면 전력질주, 따라가는 상인들의 모습에서 절박함이 느껴진다.

그런데, 케냐의 행상들은 여기서부터 시작이다. 국기, 여행가방, 사진 액자, 스포츠용품과 모자, 강아지, 심지어 꽃과 수세미까지 있다. 엄청난 매연을 마시며 일하는 행상들의 하루 수입이 얼마인지 궁금할 때가 많다. 더욱 신기한 것은 이런 열악한 상황에서도 진지하고 밝고 여유 있는 대부분 상인들의 표정이다.

대형 거울을 들고 다니는 행상이 있어 어이가 없어 웃었더니, 가구를 들고 다니는 사람도 있다고 하더니… 분명한 것은 힘이 좋은 사람들인데, 저 힘을 이용해서 더 큰 돈을 벌 수 있는 방법은 없는지 궁금하다.

우리나라 정주영 회장처럼 케냐에도 인생역전의 대박 이야기가 있다 'From Charcoal to Gold'. 숯을 구워 나르며 팔던 행상에서 거부 정치인이 된 Njenga 이야기인데 책으로 출판되었다. 많은 케냐의 하류 계층의 지식인들이 희망의 끈을 놓지 않기 위해 탐독을 한다.

2 호텔과 리조트

명사들이 찾던 NP LODGE

Sept 2024

아프리카, 특히 케냐의 백미는 야생의 모습을 보면서 이들과의 시간을 공유하는 경험이다. 그리고 이러한 경험을 가능하게 하는 것은 잘 설계된 국립공원 내 숙박시설들이다. 결코 화려하지 않지만, 전혀 불편하지 않게 잘 관리되고 있는 시설이 인상적이다.

- 마사이 마라 국립공원의 Keekorok Lodge

  1962년 세렝게티에서 넘어오는 누 떼들을 볼 수 있게 이들이 이동하는 길목에 세운 숙소이다. 마사이 마라 최초의 숙박시설이며, 원래 25실이었는데 현재는 101실로 확장되었다. 1960-80년대에는 찰스 왕세자 등 Royals 그리고 Carrie Fisher(Star Wars) 등 유명인사들이 찾던 곳이다. 아직도 그 모습 그대로 운영되고 있지만 다른 숙소들이 생겨나면서 고객이 분산되고 있다.

세계 최대 야생보호구역 내에 있으며, 야생친화적 시설로 유명하다. 많은 야생동물들이 배회하는 지역에 있는데, 숙소에 울타리(fence)가 없다. 특히, 근처 연못에 주야로 하마들이 놀고 있어 위험한 곳이기도 하다. 하마들이 밤에는 육지로 올라와 풀을 뜯고 있기 때문에 관광객이 습격을 받을 수 있다. 야간에는 경호원의 호위를 받지 않으면 숙소를 나올 수 없다. 연못의 하마가 위험하지만, 연못 앞에 있는 Green Hut(맥주 바)과 숙소를 연결하는 우드 워크 웨이(Elephant Deck)에서 걷는 사파리를 맛볼 수 있는 매력도 있다.

- 암보셀리 국립공원의 'Ol Tukai' Lodge

오른쪽 사진의 나무 숲 너머에 킬리만자로 산이 있다. 암보셀리에 있는 모든 숙소 중에서 킬리만자로 산을 조망하기 가장 좋은 숙소로 유명하다. 아침 일찍 맑은 시간에 일출 사진을 찍으면 걸작이다.

1948년 〈킬리만자로의 눈〉이라는 영화를 촬영할 때 그레고리 펙, 수잔 헤이워드 등 배우와 촬영팀이 산을 잘 조망할 수 있도록 세팅한 자리에 Lodge가 세워졌기(1996년) 때문에 가장 좋은 위치임이 분명하다. 〈킬리만자로의 눈〉은 헤밍웨이 소설을 바탕으로 제작한 영화인데, 헤밍웨이가 야생 모험을 좋아해서 소설 집필을 위해 암보셀리에 머물기도 했다. 계절 따라 변하는 수려한 경치로 유명한 암보셀리는 코끼리의 집단 서식지이며, 많은 야생동물과 조류가 있어 다양한 경험을 할 수 있다.

• 나이바샤의 Rift Valley

나이바샤는 단연 케냐에서 가장 인기 있는 주말 휴양도시이다. 무엇보다 인구 집중도시인 나이로비에서 2시간여 거리에 있어 접근성이 좋다. 그리고 좋은 산과 넓은 호수가 어우러진 수려한 경관이 압권이다. 또한 호수 안에 있는 크리센트 섬에서 기린, 얼룩말과 임팔라 등 다양한 초식동물을 지근거리에서 만날 수 있는 사파리가 특징이다. 그리고 섬으로 이동하는 보트에서도 하마와 다양한 조류 등과 교감할 수 있어 더욱 흥미롭다. 이외에도 〈라이온 킹〉 영화의 무대인 헬스게이트 국립공원도 인기 있는 방문지이다. 호수를 중심으로 요트, 승마, 골프, 트래킹 등 다양한 즐길 거리가 풍부하여 더욱 인기 있다. 덕분에 호수 주변에는 뛰어난 시설과 경치를 자랑하는 많은 Lodge들이 있는데, 오랜 전통과 골프장, 컨벤션 룸 등 다양한 시설을 가진 Rift Valley가 유명하다. 나이바샤에는 온천수를 이용한 올카리아 지열발전소, 케냐의 주요 수출품인 화훼 재배단지 등이 위치하고 있어 산업적으로도 중요한 도시이다.

• 난유키, 페어몬트 호텔

케냐산(Mount Kenya) 기슭의 난유키는 군사도시로 잘 알려져 있지만, 케냐 사람들이 가장 방문하고 싶어 하는 로망 관광지이다.

그러나 큰마음 먹고 가는 관광지이다. 나이로비에서 194km, 3시간 이상 걸리는 거리에 있기 때문이다. 기차가 운행하지만, 운행시간이 극히 제한적이어서 자동차로 이동한다.

난유키는 큰 산(Mount Kenya)자락에 있는 아늑한 도시인데, 다양한 즐길 거리가 있어 방문하는 사람들을 즐겁게 한다. 우선 페어몬트 호텔이 있어 매력적이다. 페어몬트 호텔은 케냐 속의 유럽 같은 특이한 곳이기도 하다. 호텔에 머무는 사람들은 유럽인과 미국인 등 백인들 일색이다. 호텔의 깔끔한 정원과 시설도 좋지만, 케냐에서 드물게 접할 수 있는 맛있는 음식들이 가장 기억에 남는다.

케냐의 루토 대통령이 모든 정부장관들을 소집하여 정책개발 워크숍을 페어몬트 호텔에서 진행한 적이 있는데, 정부 예산을 호화판 행사에 낭비한다는 케냐 언론의 비아냥거림에 시달리기도 했다.

그리고 골프장과 야생동물들을 돌보는 Orphanage(야생에서 다친 동물을 치료하는 시설)가 동물원 같은 구실을 하여 많은 야생을 접할 수 있다. 또한 넓은 사바나 지역을 말을 타고 돌아보는 승마 사파리도 새로운 경험이다.

그러나 난유키의 가장 큰 매력은 역시 케냐산(5,199m) 등정이나 경치가 뛰어난 둘레길을 즐기는 것이다. 케냐산은 다양한 야생동물 서식지인데, 하이에나가 등반객의 텐트 주변을 어슬렁거리는 섬뜩한 장면이 소개되기도 한다.

큰 산이 구름을 잡고 비를 뿌려주는 덕분에 많은 도시들이 산을 둘러싸고 발달해 있다. 대표적인 케냐산의 도시는 엠부인데, 인구 20만의 교통과 물류 및 농업 중심지이다. 그러나 큰 산의 정취를 가장 강하게 느낄 수 있는 도시는 메루인데, 산에서 재배하는 커피, 차와 프렌치 빈 그리고 낙농품 들이 유명하다. 쵸고리아(Chororia)는 케냐산 진입로이며, 관광객들이 즐겨 찾는 도시이다.

케냐의 3대 전통호텔

April 2023

케냐에 Marriott, Hyatt, Kempiski 등 유명 글로벌 브랜드 호텔들도 많이 있다. 그러나 이들 호텔 시설의 고급스러운 분위기와 다양성, 심지어 식당의 음식 수준 등 여러 면에서 유럽이나 미국 등과 비교하면 현저히 떨어진다는 한계점이 있다.

오히려 특이한 역시와 전통을 자랑하는 호텔들의 모습이 더욱 인상적이다. 탐험과 사파리를 즐기는 귀족과 명사들의 방문과 함께 성장한 역사의 여운이 있기 때문이다.

• 사파리 파크 호텔

1967년 식민지 영국군 휴양시설로 출발했다. 이후 호텔로 개조하였는데 케냐산 방문객이 많이 찾았던 호텔로 유명세를 떨치기 시작했다. 축구장 3배 크기의 규모에 사파리 공원을 연상시키는 자연림과 산책로, 수영장이 있어 여유롭다. 깔끔하게 잘 유지관리를 하면서도 다양한 시설이 있어 케냐 정부 등의 많은 컨벤션 및 세미나 행사 등이 개최되고 있다. 호텔의 매력 포인트 중 하나는 연중 계속되는 사파리 캐츠 공연과, 연말의 볼 드롭 등 다양한 시기별 행사 등이다.

특이한 점은 한국의 파라다이스가 이 호텔을 인수하여(1974년) 운영해 왔다. 지금은 호텔을 매각하였지만, 여전히 한국의 전문 경영인이 호텔 운영을 계속하고 있다.

• 케냐 최고 전통의 Stanley

1902년 개장한 스탠리 호텔은 황폐화되어 가는 나이로비 도심의 오아시스 같은 호텔이다. 힐튼호텔과 인터콘티넨탈 호텔이 나이로비 도심에서 영업을 했지만, 지금은 모두 폐쇄하였다. 220여 년 역사의 스탠리 호텔이 외롭게 시내 중심가에 남아 있다.

스탠리 호텔의 성장은 1901년 철도 개통과 궤를 같이한다. 철도가 개통되면서 부유한 탐험가들의 방문이 시작되었다. 그리고 영국의 왕족, 정치인, 연예계 명사, 작가 등의 방문이 이어지면서 고급 호텔이 필요하였으며, 스탠리 호텔이 그 역할을 담당하였다. 영국 왕실에서 케냐를 방문했을 때 묵었던 흔적이 곳곳에 남아 있다.

아직도 최고 호텔의 명성을 이어가고 있다.

• 붉은 벽돌, Fairmont 호텔

스탠리 호텔과 함께 가장 유서 깊은 호텔이 나이로비 노폭 지역에 있는, 1904년에 개장한 페어몬트 호텔이다.

마사이 마라를 방문하는 탐험객들이 나이로비에서 전열을 정비할 수 있는 숙소에 대한 수요가 늘어나면서 빠르게 성장하였다.

사파리 탐험을 위해 케냐를 찾은 명사 중에서 많은 사람들이 페어몬트 호텔에 체류하였는데, 미국의 루스벨트 대통령이 마사이 마라 방문을 위해 케냐에 왔을 때 묵은 적이 있다. 〈Out of Africa〉 작가로 유명한 카렌 블릭슨의 남편(스웨덴 귀족, 탐험가, 작가)이 묵었던 곳이기도 하다.

옛날이나 지금이나 케냐의 매력은 세련된 문화가 아니다. 거칠고 투박하지만 꾸밈이 없는 야생을 체험하는 것이다.

케냐의 명소 중에서도 거칠고(Rustic), 소박하지만 많은 스토리가 있는 명소들이 있다. 험한 산속의 큰 나무 위에 걸쳐 지은 통나무집 같은 숙소가 있다. 그런데 이게 굉장히 유명한 보호 대상 숙소이다.

당초 나무 위에 집을 지은 이유는 높은 곳에서 야생을 관찰하기 쉽고 사냥을 하는 데도 용이하기 때문이다. 이러한 특징 때문에 어드벤처 1번지라는 특성이 알려지면서 식민지 시절 영국 왕가 등 명사들이 찾기 시작했다. 지금도 울창한 숲속에서 야생의 다양한 모습을 접할 수 있는 모험적인 매력 덕분에 많은 사파리 관광객이 찾는다.

특이한 것은 호텔의 앞마당에 자그마한 연못이 있는데, 주야 없이 코끼리, 버팔로와 가젤 등 많은 야생동물들이 찾아든다. 이들을 내려다보는 것도 특이하고 재미있다. 초식이들이 물과 먹이를 찾아 이동하는 경로에 연못이 있는 것을 보고, 그 옆의 나무에 호텔을 지었기 때문이다. 주야로 계속 출현하는 초식이들, 혼자서 때로는 큰 무리를 지어서 나타난다. 물을 마시고, 가끔씩 서로 싸우기도 하는 다양한 행태를 지켜보는 것도 특별한 경험이다.

또한, Treetops는 해발 4,001m의 Satima 등 험산 준령이 이어지는 케냐에서 가장 울창한 산림지역인 애버데어 국립공원 안에 있다. 호텔의 위치가 산기슭의 해발 1,966m 숲속에 자리잡고 있어 멀리 케냐산도 볼 수 있다. 그리고 주변의 올망졸망한 산들을 내려다보고 있어 경치가 여느 국립공원의 Lodge에 비해 빠지지 않는다.

Treetops는 당초 나무 꼭대기에 지은 2칸의 나무 집으로 출발하였다(1932년). 주변의 야생동물을 나무에서 내려다보는 명소로 알려졌고, 심지어 나무 위에서 사냥을 하며 유명해졌다. 찾는 사람이 많아지면서, 나무 옆으로 목재 기둥을 세워 집을 이어내면서, 35개의 룸까지 확장되었다.

킹 조지 4세의 서거로 케냐 여행 중 이곳에 머물던 엘리자베스 2세가 즉위한 곳으로(1952년) 영국인들에게는 특별한 곳이다.

그리고 키쿠유 등 케냐인이 독립 운동을 할 때 영국군에 쫓겨 숨어든 곳이 애버데어 국립공원의 산악지역이었다. 영국군에 쫓기는 와중에 Treetops가 불에 타서 소실되었다(1954년). 이후 많은 우여곡절을 겪었으나 다시 복구하여 사파리 관광객들을 맞고 있다.

애버데어 국립공원의 인근에 니에리(Nyeri)라는 도시가 케냐산과 애버데어 산맥의 중간에 위치해 있다. 레드마운틴 AA 등 커피를 중심으로 하는 농업과 식음료 가공업의 중심지이다. 제조와 유통업의 기반도 가지고 있으며, 의료와 교육 및 금융 등 주요 서비스산업의 중심지이다. 한때 케냐 중부의 대표적인 큰 도시였는데, 시민들의 보수적인 성향으로 인해 성장이 정체된 대표적인 도시이다.

3 스포츠와 레저

케냐의 골프에 대한 애착

Apr 2023

케냐? 날씨가 엄청 더울 텐데… 주말에는 무엇을 하면서 지내?

국내에 있는 사람들과 연락할 때 항상 받는 질문이다.

이런 질문의 근원은 케냐를 방문한 적이 없는 모든 사람들이 가지고 있는 선입관이다.

케냐의 날씨는 연중 13-25℃의 쾌적한 날씨가 계속된다. 세계에서 기후가 가장 좋은 곳이다.

그리고 영국 식민지 시절부터 골프, 승마, 요트, 등산과 트래킹 그리고 사파리 여행 등 많은 스포츠와 레저 시설이 발달해 있어 시간을 쪼개서 써야 할 정도로 즐길 거

리가 많다.

특히, 케냐 사람들의 골프에 대한 애정도 유별나다. “케냐에서 비즈니스를 하려면 골프부터 배워라. 인허가권을 가진 공무원과는 허심탄회하게 이야기하려면 골프장에서 만날 정도는 돼야 한다.” 케냐의 고위직 농림부 인사가 전해준 말이다. 케냐 골프의 역사는 우리 예상을 뛰어넘는다. 로열 나이로비 골프클럽의 경우 매우 긴 역사를 가지고 있는데, 우리나라의 대한제국 시대인 1906년에 개장한 것이다. VetLab 스포츠 센터도 1923년에 개장했다. 골프의 홈으로 자부하는 무타이가 클럽은 유럽투어 대회를 개최하는 자부심이 있는 클럽이다.

그리고 대저택이 즐비해 있는 카렌 지역에 있는 카렌 골프클럽은 회원들의 자부심이 강하고 새로운 회원 영입에 배타적으로 소문이 나 있다. 이외에도 윈저골프 클럽, 시고나 등 많은 클럽들이 즐비해 있다. 나이로비뿐만 아니라 몸바사, 나이바샤 등 주요 도시들과 명문 리조트에도 골프장들이 있다.

골프 역사가 깊다 보니, 유럽투어에 속하는 Kenya Open을 개최하고 있어서 명문 클럽 회원들의 자부심도 대단하다. 케냐 골프 관련 특이한 스토리는 비거리에 대한 진위이다. 해발 고도가 높아 한국보다 거리가 더 난다고 한다. 그래서 많은 사람들이 나베에 대한 기대를 가지고 플레이를 하기도 한다. 그런데 아래 사진과 같이 477야드 파 4 등 말도 안 되게 긴 홀들이 있어서 스코어는 잊어버리고 노는 것이 좋다.

영국이 남긴 케냐 승마 문화!

Nov 2024

아프리카에 가장 많은 말은 얼룩말이다.

그러나, 아프리카 사람들이 야생 얼룩말을 길들여 생활에 활용하는 데 실패하였다. 워낙 야성이 강해서 길들여지지 않는다고 한다.

영국사람들이 케냐에 오면서 변화가 일어났다. 유럽의 말을 케냐에 가지고 와서 승마 문화를 정착시켜 놓은 것이다.

케냐에서는 말을 타고 사바나 지역을 돌면서 많은 야생동물을 구경하는 사파리 프로그램이 있다. 그리고 나이로비에서 가장 큰 숲이라고 할 수 있는 카루라 공원을 승마로 거닐어 보면 승마의 묘미를 실감할 수 있다. 나이로비의 승마학교에서 겔로핑 등 승마술을 배우는 것도 비싸지 않은 가격으로 즐길 수 있다.

주말에 말을 타고 도로변을 거니는 사람들의 모습은 어색해 보이지만, 재미있어 보이기도 하다.

나이로비에는 생각보다 다양한 승마학교와 승마장이 있다. 모두 영국 귀족들이

식민지에서 즐기다 남기고 간 유산들인데, 영국이 영연방 국가들에 남긴 공통된 특징 중 하나가 영국식 승마술이다.

영국식 승마의 특징은 깊은 자리가 없는 평평한 말 안장이다. 말 안장의 앞쪽에 솟아 있는 손잡이도 없다. 말이 움직일 때 최대한 자유롭게 활동할 수 있도록 고안한 안장이라고 한다.

영국 말의 종류도 다양하지만, 온순한 말들이라 쉽게 접근이 가능하고 초보자들도 승마를 즐길만하다.

맺는 말

"총, 균, 쇠"의 저자 재레드 다이아몬드의 주장을 보자.

아시아와 유럽은 동서로 비슷한 기후대의 광범위한 대륙이 펼쳐져 있다. 따라서 농업혁명을 비롯하여 작물 전파와 동물의 이동 그리고 기술, 정보와 문화가 활발하게 교류하면서 발전해 왔다.

그러나 아메리카 대륙과 아프리카는 남북으로 길게 이어지는 특징을 가지고 있다. 적도를 넘나드는 전혀 다른 기후대가 분포해 있기 때문에, 식물이나 동물의 전파 및 적응이 더욱 어려운 조건을 가지고 있다. 오랜 기간 대양으로 단절되어 있어 아시아와 유럽의 발전을 따라가지 못한 것으로 보고 있다. 대륙별 발전 격차에는 여러 가지 이유가 있겠지만, 매우 설득력이 있는 주장으로 보인다.

그러나 이제 과학기술의 발전으로 이러한 지리적인 단절 요인이 극복되었으며, 인적, 물적 교류와 기술, 지식 및 문화의 교류가 활발하게 일어나고 있다. 이미 음악을 중심으로 예술과 스포츠 등의 분야에서는 아프리카 사람들의 활약을 빼놓고 생각할 수 없는 단계이다.

현재 아프리카 인구가 14억으로 중국과 비슷한 수준이며, 2050년 25억으로 증가할 것으로 예상된다. 특히 젠더 구성에서 젊은 인구가 많아 세계 전체적으로 보아도 가장 왕성하게 일할 수 있고, 소비할 수 있는 인구 구조를 가지게 된다. 이미 정치적 안정기에 들어선 아프리카 입장에서 보면, 풍부한 자연 자원과 인적 자원을 바탕으로 자본과 기술이 접목되면 폭발적 성장세를 보일 것으로 예상된다.

따라서 미국과 유럽 그리고 중국과 인도 및 일본 등이 모두 아프리카와의 협력체계 확대를 위해 공을 들이고 있다. 우리도 아프리카의 정치와 경제, 사회 및 문화 등에 대한 이해를 넓히는 것이 우선 과제이며, ODA 사업 등 인적·물적 교류 확대와 함께 기술 협력 등을 확대할 수 있는 기반을 구축하는 것이 시급하다. 이를 바탕으로 민간투자 증대로 경제성장 및 공동 번영의 기반을 구축하기를 기대해 본다.

아프리카 체험, 편견과 오해의 이미지 깨기

초판발행 2025년 9월 30일

지은이 김두영
펴낸이 안종만 · 안상준

편 집 김다혜
기획/마케팅 조성호
표지디자인 BEN STORY
제 작 고철민 · 김원표

펴낸곳 (주) 박영사
서울특별시 금천구 가산디지털2로 53, 210호(가산동, 한라시그마밸리)
등록 1959. 3. 11. 제300-1959-1호(倫)
전 화 02)733-6771
f a x 02)736-4818
e-mail pys@pybook.co.kr
homepage www.pybook.co.kr
ISBN 979-11-303-2388-6 03930

정 가 19,000원